広島の被爆と福島の被曝

両者は本質的に
同じものか
似て非なるものか

齋藤 紀

かもがわ出版

序章

わたしは一九七五年に福島県立医大を卒業し、そのあと広島にうつり、医師としての生活をはじめました。広島では広島大学原爆放射能医学研究所での臨床と研究の生活、それから市内の病院で臨床医としての生活、都合約三〇年間を過ごしました。その間、被爆者医療、また被爆者の訴訟問題にも深くかかわり、医師として意見書を出すなどしてきました。九年前、定年後の生活を福島で過ごしたいと考え、戻ってきたところ、東日本大震災が起こり、東京電力福島第一原発事故に遭遇することになりました。

この七年間、わたしは原発事故とどのように向き合い、原発事故をどのように考えるかに忙殺されてきたといえます。3・11の直後から、放射線事故という事態を初めて体験した多くの県民に対して、事態をどう見るのかについて話を続けてきました。また事態の収拾にあたっている行政の方々にも事故直後において接点をもってお話しをし、また市中の開業医の医師の方々へも、放射線被曝と人体被害の基本的な点についてもお話を続けてきました。

つまり、わたしの現在における最大の関心事は福島にあるのです。しかし福島での原発事故、及び被災者に向き合うわたし自身のバックボーンにあるのは、やはり広島での被爆者との交流でした。

広島は被爆者がいるのが当たり前の町であります。被爆者の体験を日常の生活のなかで耳にするのは普通のことです。被爆者の診療に関わり、また被爆行政の制度活用に関わるなかで、わたしの体のなかには、原爆、あるいは被爆者について自然に染み付いたものがあって、それらを抜きにして福島の現実に関わってきたものではなかったと思います。

あらためて言えば、この七年間は、「原爆の問題と原発の問題の両方を視野に入れて何を、どのように語れるのか」の年月だったといえます。

福島第一原発事故からこれまで、「広島・長崎の被爆」と「福島の被曝」とを一連のものとして捉える見方がしばしば語られてきました。しかしその場合、それは本当に適切なのかとも思います。

原爆と原発というのはどういう形で接点があって、相互にどのように照射しあうのだろうか。

わたしは被爆者との交流を通じて身体にしみついたものがあると述べましたが、福島において原発事故被災者の方々に、アプリオリに、原爆被爆者の話をすることはほとんどありませんでした。いったい原爆被爆や被爆者の何を話すというのか、とも思うのです。

一方、福島で被災された方には「自分の娘は何歳だけれども、結婚できるだろうか」との心配の声もあります。この心配は、かつての原爆被爆者と同様に、福島の被災者が放射性物質の共通項のなかに閉じ込められた事情を示しています。しかし原爆被爆、福島原発事故被災の相互において、両者のおおきな構造自体が少なくともストレートに結合することはありません。やはり広島・長崎原爆被爆と原発事故被災との間には、大きな溝があります。とはいえ、このいずれもが日本の戦後史の歩みを規定するものであるとすれば、その連関をこそ解明されなければならないと思います。

本書には広島の被爆と福島の被曝について、「本質的に同じものなのか、それとも似て非なるものなのか」という挑発的で課題発掘的なサブタイトルがついています。

読者の方々となにがしかの課題が共有できれば幸いです。

もくじ

広島の被爆と福島の被曝

両者は本質的に同じものか似て非なるものか

第一部

広島の被爆とは何だったのか

第一章　広島への原爆投下

まずは広島に投下された原爆の固有の問題から入ります。原爆が投下されたのは広島と長崎ですが、広島という言葉で進めてゆきます。福島と広島を関連づけて論じる人は少なくありませんが、広島の被爆とはどんなものだったかについて正確な知識がなければ、そもそも比較することさえできません。福島のことを理解する上でも大事なことなので、述べてゆきます。

1　一枚の写真「焼き場に立つ少年」

「焼き場に立つ少年」というタイトルのついた写真（次頁）をご存じでしょうか。ジョー・オダネルという米軍のカメラマンが、原爆の投下後、長崎に一か月後に入っていろいろな写真を撮ったのですが、そのうちの一枚です。

　この裸足の少年の目の先にあるのは、被爆で倒れた人たちが火葬に付されている光景です。その炎のなかに自分の親が含まれているのかはわかりません。背負った幼児はすでに死んでいるわけですけれども、この少年はそれをわからないまま、直立不動で立ち上る炎を見続けています。後年のオダネルの述懐では、背中の子は大人たちの手でおろされ、やがてその炎の中に入れられ荼毘にふされます。少年のかみしめた唇には血が滲んでいたということです。日本憎しとして軍に入ったオダネルの心を揺さぶった光景であり、戦後のアメリカにおける原爆投下正当論のなかで、彼の心の奥底に封印した一枚でした。

　しかしこの一枚は、後年のオダネルに原爆

投下は許されるもではないと覚醒させた一枚でもありました。二〇〇三年からはじまる原爆集団訴訟（正確には全国の被爆者が集団で提訴した原爆症認定申請却下処分取消訴訟）において、わたしたちはこの写真を関係者の承諾をえて、訴訟のシンボルとして使わせてもらいました。

この少年が戦後の激動期を無事生き抜いたかどうかはわかりません。一〇歳ぐらいの少年ですので、生き延びられたとしても、親のない孤児としての生活が待ち受けていたわけで、やはり過酷な生涯であっただろうことは想像に難くありません。

今、この写真を出して原爆を認識する意味はどこにあるのでしょうか。この直立不動の少年は多くの日本人青少年がそうであったように、軍国教育を受けた軍国少年であったかも知れません。しかしそれならばなお、軍国の崩壊と家族の喪失という大転換の渦中に立つこの直立不動は、かれの主観的な矜持を大きく超えて、わたしたちにあるべき人間としての矜持は何かと問いかけてきます。

改憲論議が高まっている今日、現行憲法の前提にある戦前の日本の問題をどうとらえるか、そして原爆とはなにか、またこのような惨状が二度とないようにと憲法前文は書かれたにも関わらず、それに唾をかける論調が連綿として続くのはなぜか、また戦後日本の支配層は戦争を心から悔い、原爆の悲劇を原点として進んできたとは到底思えず、とするならば、それはなぜか。この少年が一九四五年に唇を固くかみ血をにじませて直立すると同じく、わたしたちも覚悟をもってこの現在に立つことを、この一枚は求めていると思うのです。

2　原爆投下への歴史的条件

一九四五年に原爆が投下されるわけですが、それまでのあいだにいくつかの段階がありました。その段階を踏んで、一九四五年の8・6と8・9にたどり着くことになります。

第一は、第一次世界大戦の時から浮上してくるわけですが、兵器がかなり近代化して、大量殺戮に舵を切るような状況になっていたことです。第二次大戦ではそれが非常に露わになります。とくに空爆による市民の無差別大量殺戮というものが、軍事思想の中で有力なものとして登場してきます。それがナチスドイツによるゲルニカの攻撃（1937年）であり、日本が大々的にやった重慶の爆撃でした。中国四川省の山奥まで行って、三八年から四二年まで繰りかえし繰りかえし空爆をおこなったわけです。子どもも女も年寄りも、すべてを含む市民の大量殺戮が軍事思想として定着してきました。

第二は科学の軍事化です。大量殺戮の軍事思想を支えたのが兵器の近代化でしたが、先端科学の兵器化、先端科学者の軍人化ともいえる状況が進みます。科学者にその認識があるかどうかは別です。それらの典型的なものが、アメリカでのマンハッタン計画（1942年）といえます。原爆開発のために科学者が総動員されました。しかも、ノーベル賞級の学者が集まり、核物理学の最先端が軍事化されたのです。正しくは軍事化という一方向ではなく、ウランの濃縮や爆縮に係わる技術の開発は、あらたな発見や創造を含むことになります。どのような場合も、科学者は一方的な下請けではなく、科学の発展を促進する本来の科学者でもあります。いわば双方向の関係にあるからこそ、科学者の良心は鈍化したといえます。マンハッタン計画では二〇億ドルのお金が投じられ、五万人の技術者、科学者が動員されたといいます。一九四五年七月一六日、プルトニウム型原子爆弾の実験に成功し（ニューメキシコ州アラモゴード、トリニティ核実験）、原爆は兵器として完成したのです。科学の軍事化がもっとも突出した形で成功した瞬間でした。

第三は、やはりその時代の国際的、国内的状況というものも原爆投下の垣根を低くする条件として存在しました。一九四五年三月に東京大空襲があって、首都東京は国政の中枢としての機能を失います。日本の原爆開発拠点の一つであった理化学研究所は潰れ、日本は原爆開発ができなくなっていました。頓挫したとはいえ、日本に核兵器開発の思惑があった事実は記憶にとどめておく必要があります。五月には連合国から無条件降伏がつきつけられますが、大本営は沖縄戦の続行を指示します。しかしその現地では、日本軍による沖縄住民の虐殺という信じ難いような出来事が生じました。すでにイタリアとナチス・ドイツは降伏し、中国大陸や南方諸島に進駐した日本軍も飢餓と無謀と狂気のなかで自壊していました。アメリカは、原爆開発に成功し、日本の自滅が明白となったこの時点で、反ファシズム戦略から対ソ戦略に軍事の軸を転換させることになります。のちに冷戦とよばれるこの対ソ戦略の構図こそが、原爆投下の直接的背景となりました。したがって、この最強の大量殺戮兵器の投下は、日本軍の蛮行に対する懲罰の衣をまといつつ、その真の狙いは時間の先に見えていた新たな状況への、アメリカの確固とした決意表明でもあったのです。

アメリカの国内事情にも言及する必要があります。当時のアメリカは一九二九年の大恐慌をニューディール政策で切り抜け、同時に、第二次大戦に参加することによって、失業者を軍と民の両方で吸収し不況から脱出しつつありました。つまり、一九四五年の最終局面でアメリカの新たな覇権への決意を支えたのが、軍事による経済の活況ともいえました。さらに当時のアメリカの世論は、アジアや真珠湾での日本軍の行為に対する懲罰的感覚に満ち溢れていました。ジョー・オダネル然りです。マンハッタン計画にかかわり、やがてナチスも日本も原爆開発が成功していないことを知った一部の科学者たちが、かすかに正気を取り戻すなかで、「原爆は使うべきでない、非軍事的示威実験にとどめるべきだ」との見解を政府に具申しますが、原爆投下自体を新たなスタートの号砲と捉えたアメリカ政府上層の意図を転換させることはできなかったのでした。大統領トルーマンは投下に際し、「原爆投下による早期戦争終結、米軍同胞救出」を軍の理屈として、巷に満ちた好戦的懲罰的正義感を市民の理屈として、いずれも自らを支えるつっかい棒として活用したといえます。

投下された日本の状況も公平に見ておく必要があります。日本軍の内外の蛮行を保障したのは、国内における国家総動員法（1938年）と治安維持法（1941年）でした。国家総動員法では好戦を徹底的に強制し、治安維持法では思想の自由に極刑（死刑）で応じました。原爆被害の実態を後述してから再度言及するべきものですが、原爆（核兵器）をどのような国においても、どのような国にたいしても二度と使用してはいけないことと捉えるならば、この巨大な蛮行へ人びとを誘導するいかなる条件も、積み上げてはいけないと言えます。

しかし原爆は投下されたのです。

3　きのこ雲

一つで歴史を象徴するような「もの」というものがあります。たとえば現代史を象徴する本を一冊挙げろと言われれば、多くの識者は迷うことなくカール・マルクスの『資本論』を挙げるでしょう。では現代史を象徴する写真をということになると、わたしは原爆投下直後の広島に立ち昇ったきのこ雲の写真を挙げることに躊躇はありません。とくに原爆投下の一時間後、米軍が撮影した写真です（写真上）。

一〇年ほど前、この写真が話題になりました。雲がどのくらいの高さまで上昇したのかが議論になったのです。その理由は、上昇した雲はそこから横に広がってくるわけですが、どこまで上昇するかで、その後どこまで広がるのかのシミュレーションの結果が異なってきます。つまり黒い雨（放射性降下物）が降った範囲に関係してくるからです。広島市立大学の馬場雅志らのグループがこの写真を解析し、「広島から東三三キロ、南四四

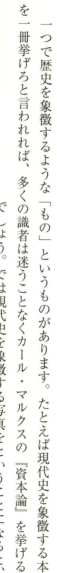

キロの、四国の松山沿岸上空八六〇〇メートルのところから写した写真だ」と割り出します。そしてこの雲の高さを、それまでは約八〇〇〇メートル程度と言われていたものを、その倍以上の約一万六〇〇〇メートルと推計したのでした。その解明力には驚かされます。しかしこの一枚の写真の意義は、その雲の高さの何たるかを超えて、雲の下の世界の何たるかを黙示することにあったと言えます。

すでに述べたように、人類初の核実験は広島に原爆が投下される二〇日前の七月一六日、アメリカニューメキシコ州アラモゴードで成功します。ポツダム会談に臨んでいたトルーマンのもとには原爆実験が成功した知らせが入ります。「赤ん坊は無事産まれた」と。しかし赤ん坊の威力は未知でした。原爆が投下されたあと、アメリカが確かめたかったことは究極的にはただの一つです。一撃で完膚なきまでに倒せたか、ということです。

一九五三年に発刊された『原子爆弾災害調査報告集』(日本学術会議原子爆弾災害調査報告書刊行委員会編、日本学術振興会刊)の二巻本があります。この調査には多くの学者が関わりましたが、東京帝大理学部地理学教室の木内信藏教授は、「原子爆弾災害調査地形と市街発達との関係について」(同書、158頁―163頁)とした論文の序言の中で、原爆投下をうけた被害の特徴を次のように書いています。

「わが国木造都市の火災に対する無防備は周知の事実であるが、原子爆弾による災害ほど甚しいものはない。一九四四年一一月二六日から四五年の八月一五日に至る間、延一万機を越える焼夷弾および爆弾攻撃をもってしても、人口一〇万以上の市街全面積の約五割以上壊滅し去ることは困難であった。しかるに広島市においては一機によってその面積の七割を失った。しかも強風時の失火による大火と異なり、火流は帯状に走らず、爆心より一定半径の圏内に同時多発の火災を発生せしむるから、ほとんど避難の方法がない。しかも強烈な爆風による家屋の倒壊と照射とは惨害を極端に大きくした」

東京大空襲も一〇万人の死者を出し、しかも広域な被害でした。木内信藏の脳裏には当然、東京大空襲の惨状はあったはずでした。しかし少なくとも五割以上を一機、一発で仕留めることはできなかった。「しかるに」この原爆は……と記述したのでした。赤ん坊の力はいかなるものであったのか。

第二章　原爆死

1　死亡率曲線

アメリカは、一撃で倒したのかどうかの情報を追いました。まず求めたのは「爆心地からの距離に応じた死亡率」でした。

広島を原爆投下の場所として選んだことの理由ともかかわることですが、広島は太田川という中国山系から流れてくる川の三角州のところに出来た町です。非常に平坦です。三角州の三方を山に囲まれ、一方は瀬戸内海です。平坦ですから、被害の範囲と程度が、遮蔽となる山地の要素に邪魔されず、たちどころにわかるということです。少し丁寧にいえば、「爆心地からの距離に応じた死亡率」、またどのくらい時間が経つとどのくらい死んでいくのかという「時間の経過に応じた死亡率」、そしてどういう形で死んでいくのかという「時間に応じた死の病態」、これら「一撃」の具体的な内容がわかるのです。それこそが、米軍の追ったものでした。

アメリカは、原爆投下一か月後の九月八日に広島、九月一三日に長崎に入ります。日本側も投下直後から調査に入り、八月一〇日、理化学研究所の仁科芳雄らは残留放射線の検出に成功しています。米軍が調査に入ってきて驚いたのは、日本のほうから「こういうデータがあります」と差し出されたことでした。日本は軍を中心として得られた調査結果を差し出し、投下国アメリカに積極的協力の姿勢を打ち出したのでした。軍はいち早く関係書類を焼却する一方で、米軍が求めている原爆被害の資料を提出したのでした。極秘の細菌部隊（731部隊）と同様の保身に徹する構図と言えました。

軍医でもあるアシュレイ・オーターソン大佐のもとで、アメリカと日本の合同調査団は動きますが、できあがったのが、『原子爆弾の医学的影響』（Medical Effects of Atomic Bombs）という英文の報告書です。一九五一年に完成し、アメリカの陸軍病理学研究所に極秘（Restricted）で収められることになります。全六巻、一八〇報告、一万頁に及ぶ膨大な資料です。

ここで記録されている中の重要なものの一つが、死亡率調査です。きのこ雲の下では、当時、約二万名の生徒たちが市内で建物疎開等の作業に従事していました。建物疎開とは建物を壊して延焼が広がらないようにする作業で、多くの子どもたちが屋外にいたことになります。その上にエノラ・ゲイが放ったウラン型原子爆弾がさく裂したのです。引率教師も含め約六〇〇〇名が死亡しました（『広島原爆戦災史』）。

たとえば報告書で示された統計によれば、「爆心地から一キロの中で、屋外に子どもたちが二四七一名いたはずだ」ということがわかっています。なぜわかるというと、学校に建物疎開従事に関係する記録が残っているからです。無事帰ってきたのが何名かもわかっていて、それが一五四名です。帰ってこなかった人のうち、明らかに死亡が確認されたのは二〇一二名、行方不明が二七〇名、その他が三五名。行方不明その他も死亡だと思われますから、二四七一名のうち、合計で二三一七名が死んで、死亡率は九三・七パーセントということになります。一・五キロまでだと八五・三パーセント、二キロまでだと八三・七パーセントという数字になります。爆心地からの距離が遠くなると、死亡率が低下するのです。

この正確なデータに米軍は欣喜雀躍したでしょう。報告書では、「きわめて重要（extreme important）」という表現が使われていました。子どもの犠牲のもとで正確な死亡率を割り出したのです。

さらにこれらのデータは、「UNSHIELDED（非遮蔽）」と「SHIELDED（遮蔽）」を分けています。

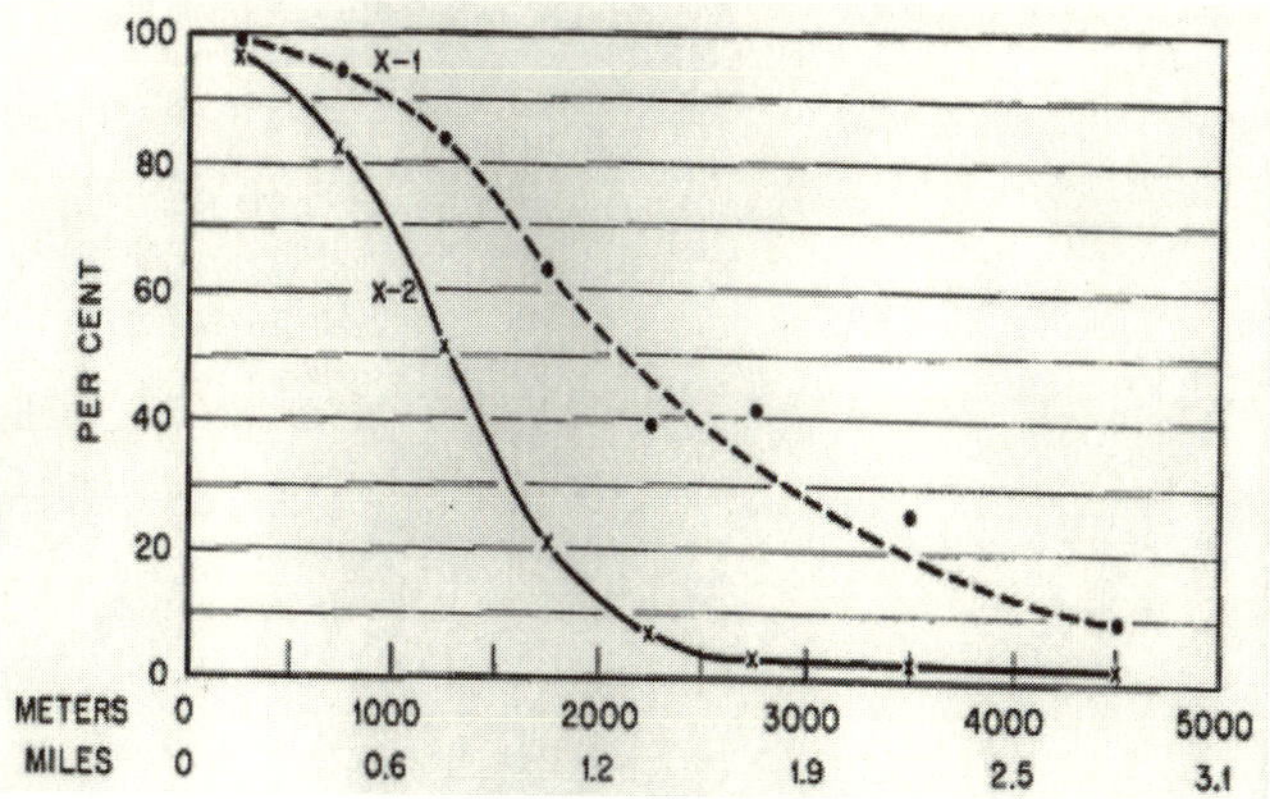

外にいたとしても木陰であったりするとSHIELDED（遮蔽）にするなど、厳密に分けています。これによって、完全に家のなかにいた者は、死亡率がどの程度低くなるかが分かるのです。熱線と放射線は遮蔽によって減衰するエネルギーですので、これらの資料によって遮蔽効果がどの程度なのかを理解することができます。

米軍はそのほかのデータも踏まえて、屋内も屋外も含めて総体としての五〇パーセント死亡率は一・三キロ（〇・八マイル）付近ということを割り出します（写真上）。長崎もほぼ同じ結果であったとしています（破線は死傷率、実線は死亡率）。

これらのデータにより、モスクワには原爆を何発放てばいいのかということが割り出すことができました。この時の計算ではモスクワに六発と計算したのでした。

2　五つの形容

原爆被害の特徴は昔から五つに形容されてきました。「全面性」、「根絶性」、「無差別性」、「持続拡大性」、「瞬間奇襲性」です（『広島・長崎の原爆被害とその後遺――国連事務総長への報告』1976年7月）。

「全面性」というのは、まさにすべてを破壊するということです。命も暮らしも、あるいは、社会も文化も歴史も全面的に破壊する。

「根絶性」は、文字通り根絶やしにするという意味です。とにかく人間はもとより、広島市内の鳥獣草木も含めて命を絶つということです。原爆投下後、広島には七〇年間草木は生えないと言われました。草木も生えないということは、まさに根絶やしということです。とはいえ、次の年の春には花が咲きました。たとえその花の形が変形していたとしても、でした。

それから「無差別性」。これはまさに「老若男女」、「軍人も市民も」ということです。死の様相は広島に溶け込んで初めてわかります。無差別性のもつ人間的真実も、静かな時間を経ての語りのなかから、紡ぐことができます。たとえば死とは、「あの声」と「あのまなざし」が何日たっても戻ってこなかったということでした。たとえば子の死亡とは、灰燼に帰したわが家《いえ》の、残された梁の底の片隅で、小さな骨片を見つけたことでした。ここにいるよと発したことでした。わが妹《いも》の死とは、黒変の塊と化した相貌が、そのまま息をしなくなったことでした。

そしてそれらをすべて総括すれば、死とは、誰もすべてが自分とともにあった、同時にあった、それが形容しがたい理不尽さとともに消失したということでした。痛苦なことは、それに気が付くことでした。そしてなお、時を経てのちの痛苦なことは、残された自分の成長の背丈に応じて、その理不尽さが明白になってゆくことでした。

もちろんこのような喪失感は、原爆死に限定するものではなく、原爆死のすべてでもありません。また生物学的な死には上下優劣はありません。あるのは、死に向かう生に胸詰まる具体性があることであり、許されない具体性が宿ることでした。

一九四五年当時、広島の平均的な家族構成は四人強でした。ところが原爆投下後、それが二人強に減じました。五〇％もの欠損率です。どの家庭も家族の半分を失ったのです。爆心地だけではなくて広島市内の平均的な数字ですから巨大な欠損率です。医師は診察する際、家族構成を聞きますが、広島では「兄弟で自分だけ残った」、「五人兄弟を失った」、「両親も祖父母も死んだ」という話は、決してまれなことではありません。

広島大学原爆放射能医学研究所の疫学グループはかつて、同じ線量を浴びても、被爆時一六歳以下で親を失ったり、四五歳を過ぎたのちに配偶者を失ったり、長男を失ったものは、そうでなかったものよりも生存曲線がより一層低下している事実を確認しています。つまり、家族欠損というのは、人にとって放射線被曝のリスクにプラスされたリスクとなるということです。

当たり前のことですが、人間が生存する力は社会の中での支えによって変わってきます。成人前の子は親の支えで労働力を継承し、親が年をとれば子が支えとなり、親は高次の、人間とは何かを子に見せてきました。そういう視点で見たときに「なんとなく家族欠損」ということでは問題を正しく表現できません。長男を失い、配偶者を失い、また親を失って、直接的には見えない、時代を乗り越える大きな綱が断たれます。共生と継承の理不尽な断絶こそがこれら家族欠損の本態とも言えます。原爆に限らず無差別大量殺戮に共通する病態と言えます。

さらに「持続拡大性」はどうか。被害を持続させて、場合によっては拡大させるということです。医学的に言えば、たとえばがんを中心として疾病が増加してくるということですが、社会的に言えば、先ほどの家族欠損のように生きる力を劣化させることも、「持続拡大性」のあらわれといえます。

最後が「瞬間奇襲性」です。これは逃げられない状態での殺傷ということです。先ほど遮蔽（SHIELDED）の話に言及しました。防空壕に全員が入っているならば、この死亡率はぐっと落ちただろうと思われます。そのことから、逆に浅はかな知恵が出てきて、「核シェルターさえ持てば原爆は怖くない」という議論が生まれます。しかし現実には、「そうは問屋が卸さない」のです。

「エノラ・ゲイは広島にどう向かってきたのか」という議論があります。一応の説明では、四国山地を越えてまっすぐに広島を襲ったということになっています。あるいは豊後水道を経て転じて攻撃したという話です。さらには一度、広島上空で旋回して東に向かい、そのあと反転して急襲した、とも語られます。

若木繁敏さんという方が一九九四年に『原爆機反転す』という本を出しました。エノラ・ゲイがどのように侵入してきたのかという経路の解明に心血を注いだ方です。彼の考えはこうです。広島では七時九分に警戒警報が出ます。しかし、飛行機が旋回して出て行ったので、警戒警報が七時三一分に解除になります。東方向に転回したエノラ・ゲイの機長のティベッツは、この警戒警報の解除を傍受します。傍受した途端に、機体を反転させ、新居浜あたりで三原の上空へ向かい、さらに方向を西にとり広島上空に入ります。広島では八時一三分にその事態に気が付き空襲警報を発しようとするのですが、間に合わず八時一五分の投下に至ります。真偽については脇におきたいと思います。日本の迎撃態勢はすでに貧弱であり、このような陽動作戦が必要とは思えないという意見もあります。しかし、いったん警戒警報を解除させた動きをとったのは間違いないのです。事実、この解除により広島市民はいっせいに朝の仕事に入るのです。

原爆の威力を考えるとき、たとえ防空壕で即死は免れ得たとしても、「火流は帯状に走らず、爆心より一定半径の圏内に同時多発の火災を発生せしむるから、ほとんど避難の方法がない」と解明した木内信藏の指摘をふまえ、かつ、彼の視野にはまだなかった残留放射線の滞留を考慮すれば、ひとたび地上に原爆が投下されれば、人々は逃れられないのです。「瞬間奇襲性」は、その広義の意味において十分に原爆の特質といえます。

3　投下直後の死

原爆による医学的被害をさらに整理した形で、アシュレイ・オーターソンとシールズ・ワーレンらの編纂による英文の『日本における原爆の医学的影響』が一九五六年にだされます。被害状況が詳細に記されています。それによると、投下後の死を四か月の区切りで見ています。

わかりやすく言うと、一三万六〇〇〇人を母集団として、四万五〇〇〇人が一日目で死亡します。その時生きていたのが九万一〇〇〇人ですが、四か月経ちますと、この中の一万九〇〇〇人が亡くなります。死者は合わせて六万四〇〇〇人ぐらいということで、第一日の死亡が七〇・三%となり、二日目以降、四か月の間に死んだのが残りの三〇%となります。

二日目以降の死の一万九〇〇〇人のうち九七〇〇人は熱傷です。ここでいう熱傷は原爆炸裂時の熱線による火傷です。もちろん、やけどの人に放射線の影響がなかったのかというと、そんなバカなことはない。やけどの人がわずかでも打撲しなかったのかというと、そんなこともありません。けれども放射線障害（ionizing radiation）と打撲（Blast）による障害が、直接的に死因形成する度合いとして軽微と考えられた場合、死亡の主因を熱傷と分類しています。そのように分類をしてゆき、熱傷九七七六人（五一・七%）、打撲三四七五人（一八・四%）、放射線障害五六四九人（二九・九%）としています。統計の取り方で死因にかかわる熱傷の比率が変化してきますが、いずれにしても熱傷死は直後の死亡に大きくかかわったと言えます。

前述のアメリカの英文報告書『原子爆弾の医学的影響』（１９５１年）が極秘であったことからすれば、サンフランシスコ条約締結（１９５１年）を待って出版された邦文の『原子爆弾災害調査報告集』（１９５３年）は、国民がみることができた唯一の一次資料と言えます。その中に、「爆心地から何キロで生き残った人の中には、やけどの人は何%か」という調査があります。距離別

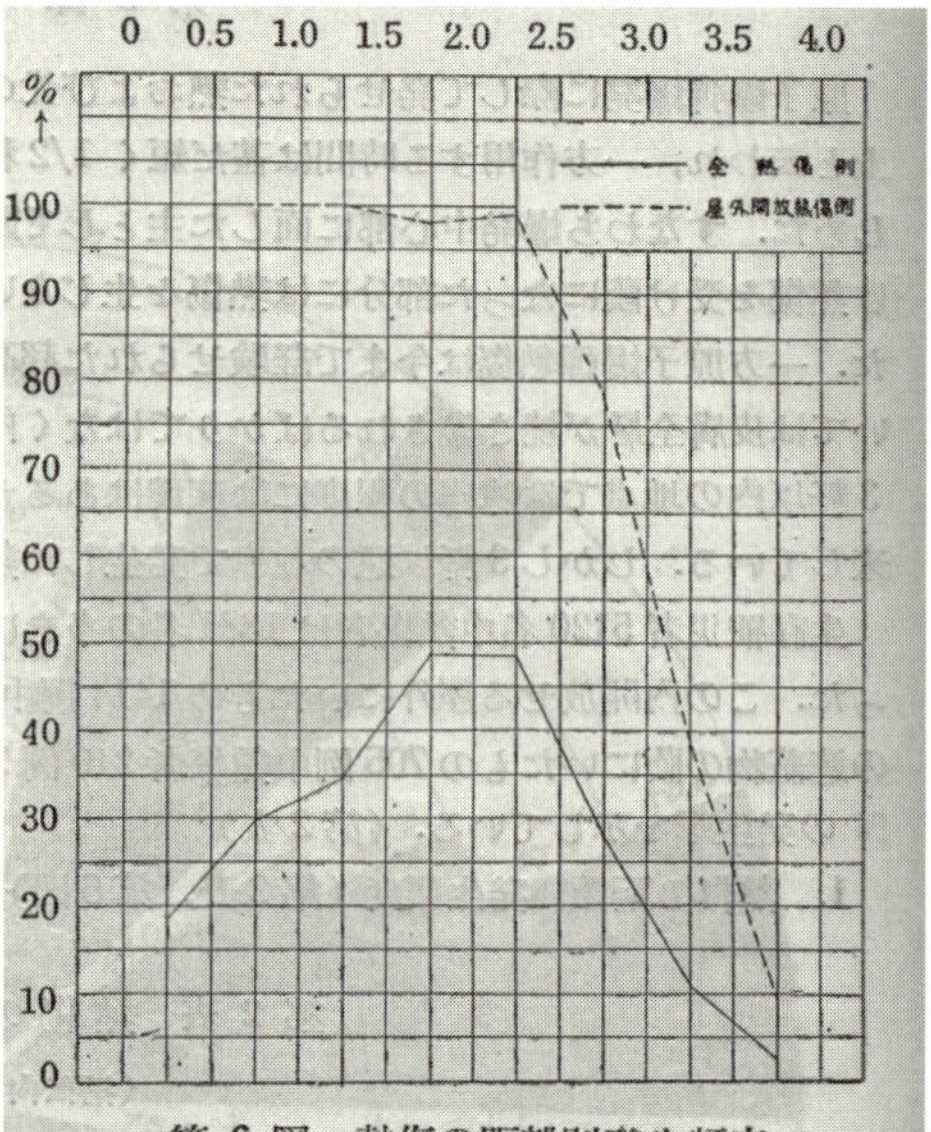

第6図　熱傷の距離別発生頻度

の熱傷発生率です（写真上）。破線は屋外開放群の熱傷発生例（遮蔽なし群）、実線は遮蔽群、非遮蔽群全体の熱傷発生率です。非遮蔽群では遠距離から二キロぐらいでは熱傷発生率が一〇〇％となり、さらに近距離側では表中の線（数値）は消えます。遮蔽群を含む全体では二キロのあたりで発生率五〇％となり、それより近距離側では熱傷発生率は上昇することをやめ急激に低下します。これはちょっと理に合わないように見えますが、なぜこうなるかと言うと、一・五キロ以内にいた人たちの多数は、そもそも生きられなかったからです。生きた人を調査するこのグループに入ってこないということです。

近距離被爆者の急性期死亡の最大の傷害は、熱線（thermal radiation）によるもの（熱傷死）と言えました。熱線によるやけどの場合は、高熱瞬間の火傷で英語では flash burn と言い、厳密に言えば火災による火傷とイコールではありません。さらには放射性被ばくも受けているということも、含意されています。

やけどの区分けは、一度から二度、三度と三つに分ける場合もありますし、五度ぐらいまで分ける場合もあります。一度というのは、夏の日焼けと同じで、赤くなるという程度です。五度の場合は黒化と言って、黒くなってしまう。炭になってしまうのです。

ただやけどをしたというだけでなく、「どこを焼いたのか」という統計もあります。『原子爆弾災害調査報告集』では、もっともやけどの率が多いのが、手です。七一・三％もあります。その次に、辛いことですが、やはり顔になります（六九・九％）。手と顔は外に出ているので、まず熱線が当たるのは当たり前なのです。その次には前腕が六四％です。

少しイマジネーションを膨らますことができる人ならば、これがいかに過酷なものであるかわかると思います。火傷死の場合、後述のように通常の家屋火災を含め火傷面積の広さで重症度が決まります。しかし、熱線による火傷死の重要な事実は、顔を焼かれることでどこにも逃げられなかったことです。

当時も今も、やけどの範囲が重症度を決めます。皮膚面積の二割が焼けたとしたら最重症です。

状況にもよりますが、今ならば皮膚の移植手術をすることになります。

「九の法則」と言われるものがあります。身体を一一の場所に区分けをして、それぞれの皮膚のところに九％ずつ当てるのです。頭も九％で、全部で九九％になります。陰部が残りの一％です。やけどをしたら、全部足し算をして何％になるか計算します。『原子爆弾災害調査報告集』には距離と火傷面積の関係を調べた調査があります。先ほどの距離と火傷発生率の関係と同じ理屈が出てきます。三・五キロまでの七〇九名の生存者の調査ですが、やけどの範囲が二六％以上の生存者は一人（〇・一％）しかいなかったのです。つまりほぼ四分の一の面積の火傷の人は生存できなかったと言えます。

爆風の場合はどうでしょうか。爆風によって激烈な圧力が加えられ、それで骨折を起こします。生存者に背骨や首の骨折の人は皆無であったといいます。それは、原爆はそれらの骨折を生じさせなかったのでなく、そのような骨折者は全例生存できなかったことを示しています。

第三章　放射線障害の病態

1　死の累積

先ほど、「四か月のあいだに一万九〇〇〇人ぐらいが死亡した」と述べました。では、その人たちは、どのような時間経過で死んでいったのか、「何時間経ったら何人死ぬのか」ということです。これも米軍としては何としても手に入れたい情報と言えます。「一撃を加えて壊滅的な状態をつくったあと、何日放置しておけば死ぬべき人は死に絶えるのか」ということです。

広島県の北部に可部《かべ》というところがあり、そこに被爆者が逃げて行きます。そこで次第に死んでいくわけですが、その記録を警察がとっていました。死の累積経過を見ることができたのです。

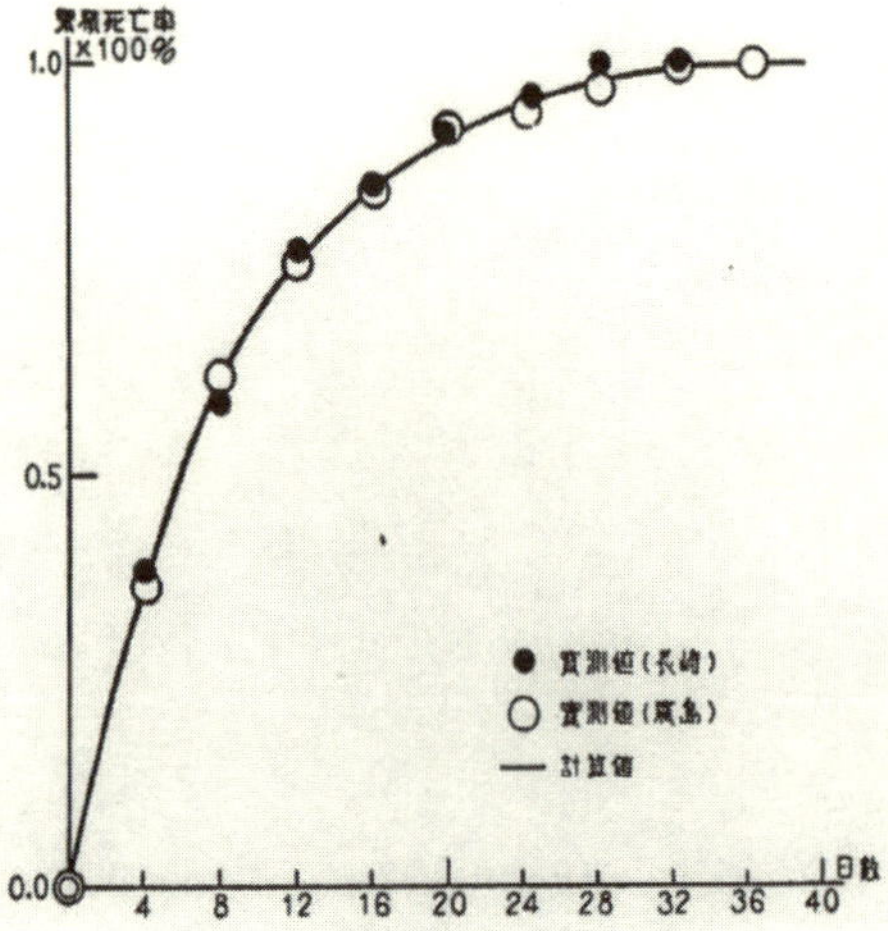

圖 1　原子爆彈傷死亡率日曲線
（東京帝國大學醫學部栫山元三郎調査）

その記録をグラフ化したものによると（写真上）、死亡の数は当初、毎日毎日増加し、そのうちに増加速度が遅くなります。縦軸の比率（％）は検死された総死亡数を一〇〇とした場合の比率です。つまり六日目までに五〇％が亡くなり、その次の六日目までに二五％が亡くなり、そして四〇日でプラトー（水平状態）に達したとしています。原爆の第一撃によって、その瞬間に死を決定された人々がおり、時間の経過とともに死の累積曲線を描いていくということになります。

長崎でもある施設が死の累積状況を記録していました。それを広島の例と比べると、ぴったり一致しています。エネルギーも違うし、プルトニウムとウランの違いもあるのですが、結果は一致したのです（『原子爆弾災害調査報告書総括偏』1951年）。もちろん四〇日以降も死者は絶えませんでした。

普通のケガだと、時間が経つとともに「ああ、おれは助かったんだ」となる。また一週間経ったら、「ああ、本当に助かったんだ」という形で存命につながっていくわけですが、この人たちは時間が過ぎても「助かった」わけではなかったのです。この累積曲線にのった人びとが生き続けた日数は、放射線障害が成熟するまでを待ち続けた時間でした。

2　放射線障害

死の累積の経過を病理学的な視点から考えてみると、半分が死亡した最初の一週間の死亡は、火傷や外傷の影響が大きかったといえます。一週目以降に関与してくるのが、放射線障害と言えます。

なぜ遅れるのかというと、それ以前の死亡は放射線障害が潜在していたとしても、まだ外に出てこないからです。生きるという時間経過のもとで初めて、その人の内奥に付いた放射線障害の傷が外に表れてくるからです。

放射能症というのは、どのように表れるのか、典型的な事例を示します。爆心地から一キロ

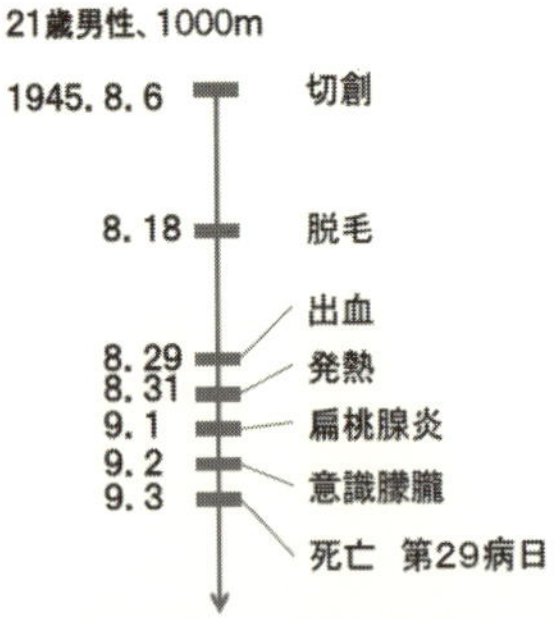

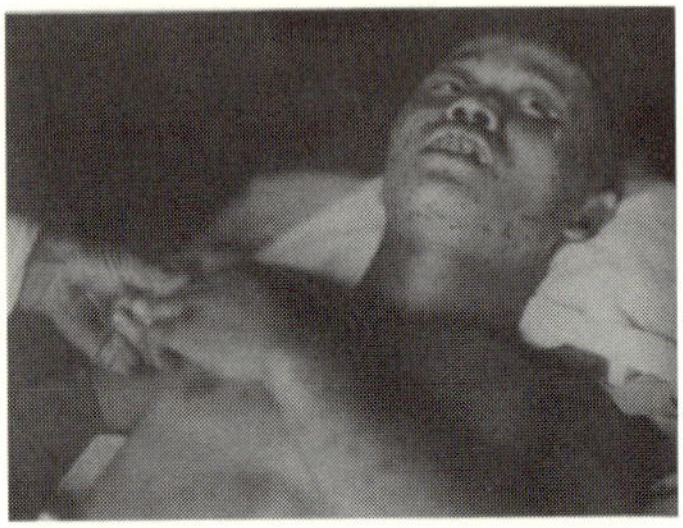

のところで被爆をした二一歳の軍人の事例です（木村権一氏撮影）。

八月六日の当日は軽い切り傷だったのです。「ああ、自分は助かった」と、この人は思ったことでしょう。しかし、どうも調子がおかしい。約二週間経った一八日には髪が抜けてきます。この時にはもう入院しています。さらに一〇日ぐらいすると、出血があり、紫斑が出てきます。その直後、八月三一日になると、熱が出てきて、喉がやられて、そして意識が朦朧としてうわごとをしゃべるようになり、第二九病日の九月三日に絶命をしたのです。

「脱毛」と言いましたが、やけどで脱毛したのではありません。この場合は毛母細胞といって、毛髪をつくる細胞が毛の根っこにあるのですが、その毛母細胞が放射線によって分裂増殖ができなくなり、その毛が脱落していくのです。

「出血」するのはなぜかというと、骨髄の障害のために血を止める成分である血小板をつくれなくなり、それが目減りし、血が止まらなくなる状態で紫斑を形成するという形です。歯茎からも出血があります。この事例は出血の直後に発熱し、「扁桃腺炎」になるのですが、骨髄で白血球がつくれなくなった影響で、口の中に細菌感染が生じたことによるものです。いずれも造血臓器である骨髄の放射線障害を表しています。

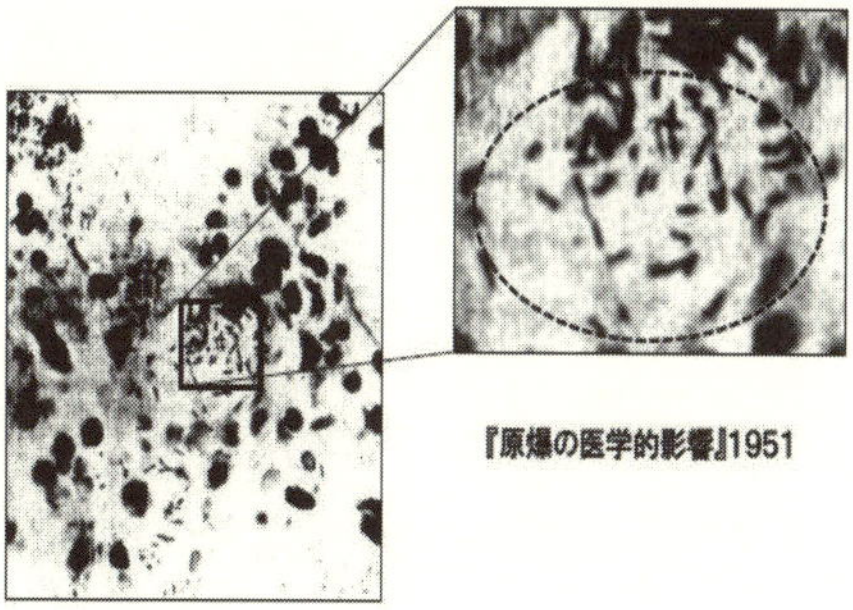
『原爆の医学的影響』1951

骨髄組織中の細菌叢

死亡する前日に「意識朦朧」になりました。この時は熱が四〇度に達しています。原爆直後の急性期死亡の人の熱型は非常に特徴的です。なんとなく微熱が続いて亡くなるのではありません。最初は微熱であっても、ある時から急にぐっと上がって、もう下がらなくなるのです。典型的には、熱が四〇度に達すると、その数日後に絶命する。だから、高熱や紫斑は死の予兆として被爆者を強い不安におとし入れたのです。

細菌をやっつける白血球という細胞が枯渇してきます

から、体の中では敗血症が起こり、菌がわが物顔にふるまうことになります。同じく一キロで被爆して、やはり同じ二九日目に亡くなった二九歳の男性の例です。骨髄を観察すると細菌が見えています（前頁写真）。しかし周囲にはそれをやっつける白血球がない。この写真の注記では白血球の反応なし（without cellular reaction）と記述しています。このようなことは通常ありません。

このような死の経過を見ていた学者たちが、放射線障害の本態はなんなのか、と考えるようになります。次にそのお話をします。

3　放射線障害の本態

東大の放射線科の石川数雄は、その本態について、「全身放射線症」と言いました。気持ちはわからないわけではありませんが、解析して病態に迫るということが大事で、「全身放射線症」では何も言ったことにならないと批判されます。

先ほど紹介した『原子爆弾災害調査報告集』の中に放射線障害の本態論に議論の跡が伺えます。原爆当日から一週間ぐらいまでのほぼ即死に近い死亡と異なり、少し生きることができる場合、生きたからこその放射能障害というものが外に表れてくると言いました。それを分析した結果、生きようとした人体が、どのように破壊されたのか、どのように死に向かわせられたのか、その本質をどうみるかに関し、いくつかの見解がでてきました。三人の学者の見解を紹介します。

天野重安の考え方

一人目は、天野重安という病理学者です。天野は、「骨髄がやられるから、白血球と血小板がなくなって、感染症や失血を起こして死んでいく」、つまり、「骨髄がやられることが、一番の放射線障害の原因だ」と考え、それを「汎骨髄癆」――「汎」というのは「あまねく」、「癆」は「病気」という意味です――と言いました。この思想が、チェルノブイリの時もそうでしたが、「骨髄移植をすれば助かるのではないか」、という考え方につながっていきます。しかし、実際はそう簡単ではありません。

天野重安は病理学者ですから、原爆で亡くなった方々の骨髄の切片をずっと見つづけてきたと思います。やがて彼は、生き残った被爆者の場合、最初の八月六日の一撃で骨髄がやられるのだけれど、最初の一撃だけでは説明がつかない理由で、回復の遅れがあるのではと気がつきます。そして彼は「被爆者の体の中から放射線が出ているのではないか」と考えたのでした。天野は被爆者に中性子線が当たって、体内の燐が放射化し（^{32}P）、半減期一四日の^{32}Pが、完全に置換する期間を五〇日と見て、放射性燐は燐酸カルシウムとして骨に沈着し、放射線を出し続けることにより、骨髄を被ばくし続けると考察し、「骨髄が持続的に被ばくを受けるために症状が遷延するのではないか」と考えたのです（『原子爆弾災害調査報告集』、９１６頁）。

実際、他の学者（東京大学病理学、三宅仁）がハツカネズミに広島の爆心地から一キロ〜一・五キロ相当の中性子線をあてる実験をしてみると、放射性ナトリウム^{24}Na、放射化燐^{32}Pを確認し、それぞれ二三ラド、三四・四ラドと確認したのでした（『広島長崎の原爆災害』岩波書店１９７９年）。ただ彼は急性障害をつくる線量ではないとしました。天野の偉いところは、「汎骨髄癆」といっても、中性子による体内燐の誘導放射化の視点を含めたことでした。慧眼と言わざるを得ません。

一九九九年九月三〇日、東海村でＪＣＯの事故が起きます。この出来事で再びわたしは、この天野の慧眼を思い起こすことになります。

この事故では、ウランをバケツでくみ上げる作業を行っていた人が、大量の中性子線の被ばくをうけ、八三日間の存命のあと亡くなりました。中性子線を約二〇シーベルト至近で受け、彼の染色体は粉々に切断されました。染色体は二本ひと組のセットで、二二組と性染色体XX（女性）、あるいはXY（男性）で合計四六本です。二二組は大きさ順に並べることができますが、彼の場合は寸断されていて、どれが何番目の染色体かわからない状態でした。骨髄は完全に破壊されたため、妹さんから骨髄移植を受けました。骨髄移植は成功しました。成功したことがなぜわかるかというと、妹さんは女性なので、性染色体が違います。骨髄移植が成功して染色体を調べたら、XXつまり女性の染色体がかれの骨髄を復活させていたということなのです。つまり、妹の血液細胞の種（骨髄幹細胞といいます）が兄の体の中で増殖しはじめたということが、骨髄移植が成功したことの証拠です。妹さんの染色体も染色体は必ず二本ひと組のセットになっています。一番長い組を一番染色体といいます。

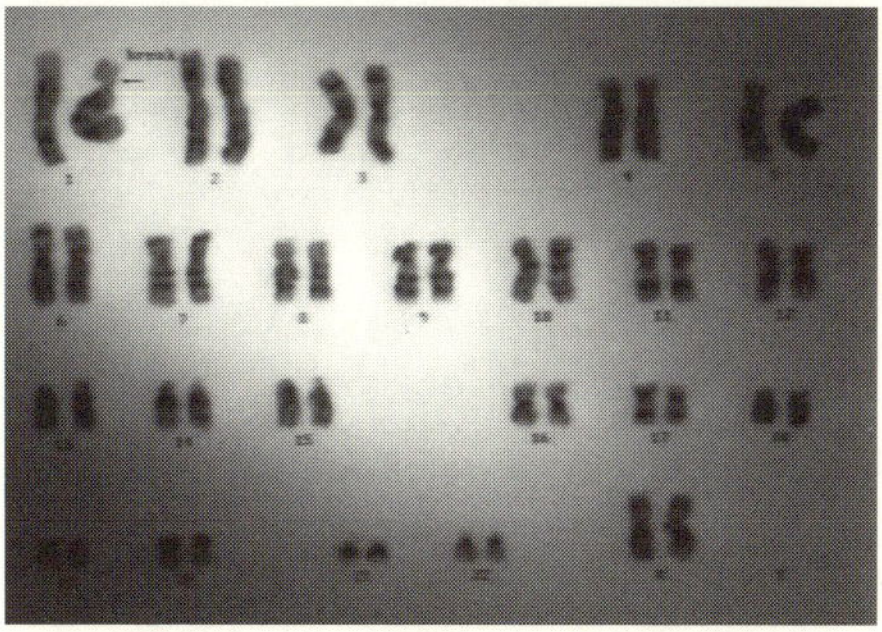
移植成功した骨髄細胞の染色体障害

　しかし兄の骨髄で増殖し始めた妹の細胞の一番染色体は、二本のうちの一本は切断され、曲がっていました（2001年5月13日NHK放送）。妹さんの骨髄細胞は元々正常な細胞でしたので、この異常は兄の体に生着してからの出来事と言えます。彼の救出に臨んだ東大の医療チームにおいても、当然、中性子線の誘導放射化が機論されましたが、放射化Na（^{24}Na）にのみ言及し、半減期が一四・九時間と短く尿中から排泄されるものであるとして否定とされています（『被曝治療八三日間の記録』岩波書店２００２年）。スタッフの中ではなぜか、放射性燐についてはは深く言及されていない。真偽のほどはおくとしても、半世紀もまえに天野が洞察した状況そのものではないか、とわたしはあらためて彼の慧眼を思ったのでした。大量被ばくにおける骨髄移植は、必ずしも完璧なものではないということもまた教えられたのでした。

操坦道の考え方

放射線障害の病理を考察した二人目は、内科臨床医の操坦道です。被爆者は、先ほどの「汎骨髄癆」という状態に一時的に陥ったとしても、被ばく線量の多寡も関連しますが、骨髄はやがて汎骨髄癆の状態から回復します。しかし彼は、「骨髄が回復しても、患者が死んでいく。なぜなのか」という疑問につきあたります。彼は内科の先生ですから、そのころ導入され始めていた心電図を使って、被爆者の心臓の働きを調べます。そして、心臓の機能低下は、「近距離で被爆した人ほど多いのではないか」ということを見抜きました。

検診のとき心電図をとって、「ＳＴ低下があります」と言われた経験のある方がおられると思いますが、それは一般的に虚血性心疾患を意味します。操が研究を開始した頃は線量がわからなかったので、被曝線量の多寡を白血球数で見ていました。白血球の数が一五〇〇以下の人たちは、ST低下の比率がもっとも多く、七〇％も占めました。つまり、線量を多く浴びたと思われる人たちの心臓は、あまねく虚血状態であったということです。また心電図では心臓の萎縮状態も見ることができます。高い線量（白血球一五〇〇以下）を受けた群では、垂直心といって力の弱い状態を反映していました（一〇〇％）。亡くなった人を解剖すると心臓の細胞が非常に委縮していて、心臓の筋肉としての働き、ポンプとしての働きが非常に低下していることがわかったのです。

この時に操は、骨髄だけではなく臓器の萎縮、機能低下が起きている、つまり「あらゆる組織で機能の減弱が起きていると見なくてはならない」と考えました。彼は放射線障害の本態に関し、どの組織でも癆《ろう》がある――「汎組織癆」――と名付け、「即ち汎組織癆とも称すべき状態を招来し、他方、細胞の崩壊、それによって生ずる蛋白分解産物による中毒現象、並に個体抵抗力の低下と相入り混じって惹起せられたるものなるべし」と述べたのでした（『原子爆弾災害調査報告集』１０４１頁）。彼の「汎組織癆」の考えは現在の医学で言えば、全身臓器の系統的不全を表現する多臓器不全症候群（ＭＯＦ）に近いものと言えます。

卜部美代志の考え方

三人目は卜部美代志《うらべみよし》という外科の先生です。被爆者は八月も九月も過ぎたのに、なぜ一〇月、一一月に至って死んでいくのか、という疑問を持ったのが彼でした。放射線障害の全身的な影響を血管系統にも広げ、臨床症状のもつ回復困難性を理解したのでした。

彼は血管の障害に着目しました。血管がやられると、そこから水分がどんどん出てゆき組織の浮腫が生じます。高カロリーのものを食べさせても衰弱がとれず、一度できた傷は治らず、えぐったような傷になる。そしてやがて絶命していく。つまり、これは原爆の一撃によってもたらされたあとに出てくる衰弱ということで、「外傷性悪液質」と名付けました。「外傷性」とは外からの因子によって、つまり「原爆によって」という意味です。「悪液質」というのは、例えば、癌の末期に見られるような回復困難な衰弱状態をさします（『原子爆弾災害調査報告集』６９６頁）。

三人の見解から理解されることは、被爆者がなくなってゆく経過を病理学、臨床医学両面から克明に追い、そこに放射線障害の本態観を時間の軸に沿って深めたことでした。それは可部町の検死記録から得られた時間と死の累積曲線を、身体の中から見極めたものでした。

4　原爆ぶらぶら病

これまで述べてきたことは被爆者がなくなってゆく過程の解析でした。しかし、急性期の死亡を免れ、なんとか日常の日々を得てきた原爆被爆者に対して、不思議な不健康状態が待っていました。後年、原爆ぶらぶら病と俗称された病態です。被爆者が生きつづけながら抱えた病態とも言えます。

ぶらぶら病の用語はもちろん医学的に定義づけられたものではありませんし、誰が言い出し始めたのかもはっきりしません。強い倦怠感や易疲労感のため仕事ができない状態があり、家でぶらぶらしているとの蔑視を込めた表現でもありました。他覚的所見がはっきりしないため家族同僚からもうとまれ、また血液検査等から異常を肯定する客観的証拠がないため、医学的には実態のないものとして扱われてきました。

当時の広島大学精神科教授の小沼十寸穂は、被爆者に見られたこのような独特の苦痛について、「間脳症候群」という考え方を示しました（「原爆症後遺症としての間脳症候群」日本醫事新報一五四七号、1953年）。「間脳」というのは、大脳、中脳、小脳などの言い方と同様に、脳の特定部分を指し、そこは自律神経系の中枢とされるところです。つまり人間の体の全体を統合する機能で、神経、内分泌（ホルモン）、代謝、免疫、循環、感覚、さらには情動等々とも関連し、人間が外の世界と内の世界との協調を図る、もっとも重要な中枢と言えます。

彼は、被爆時に爆心地から二キロ内外にいて、あるものは火傷、あるものは黒い雨にあい、あるいは作業のため爆心地付近に出入りした一三一名の被爆者について詳細に研究します。様々な症状を区分してゆきます。動機がしたり胸が苦しくなったり、下痢になったり、しばしばおなかが痛かったりする。血尿も出る、立ちくらみもする。

特徴的なのは健忘です。当時、比較的近距離で被爆した人は、「覚えられない」、「記憶できない」と健忘を訴えました。さらには頭痛がする、眠れない、すぐ怒りやすくなる、知的作業が継続できない。気候のちょっとした変化に耐えられない、かぜを引きやすくなった、蕁麻疹ができやすくなったなど、その体質の変化は多岐に及びました。小沼はこのような変化について「体質的偏《へん》倚《い》」とよび、一つの臓器の障害としては説明がつかない状態が被爆者の中にあることを指摘しました。被爆から八年後（1953年）の研究発表でした。

しかし小沼が間脳症候群という言葉で提起した問題は、少なくとも日本の医学医療の流れからは早い時期に消失しました。その理由は、直接的には人間の統合的な偏倚を解明するにたる医学の発展がなかったことですが、より根本的には被爆者の心身の変調に対して、被爆者の全人間的救済という視点が当時の医療界になかったこと、そして同様に、被爆者に対するそのような視点の確立がサンフランシスコ条約締結（1951年）後においても日本の行政府になかったことです。

一九六五年の厚生省被爆者実態調査によると、被爆者の「医療あり」は四四％で一般国民の二倍、「身体障害あり」は三倍半となっていました。一九七五年の調査では、「入院」が一般国民の二倍、「身体障害手帳所持者」も二倍となっています（『広島・長崎の原爆災害』岩波書店、332頁）。同じ年の調査では、「労働力なし」の率は、（男女）非被爆者二九・七％に対し、（男女）被爆者四二・五％と一・四倍となっており、その中で「家事にも従事していない」ものは非被爆者六・七％に対し、被爆者一八・九％と二・八倍に達しています（同書、314頁）。少なくとも被爆後三〇年間、被爆者は被爆時に幼少だったものも含めて、少なからず多疾と労働力低下に苦しんでいたのでした。

わたしは二〇一六年、リトアニアで開催されたチェルノブイリ三〇周年国際シンポジウムに参加してきましたが、ラトビアのリクイデータ（汚染除去作業員）について調査研究している研究者（E・エグリテ）の報告を聞きました。彼女の報告は小沼らの報告、厚生省の調査を想起させるものでした。ラトビアのリクイデータは約六〇〇〇人、当時平均三二歳、被ばく線量は二〇

～五〇〇ミリシーベルトとされています。彼らのほとんどは、いくつかの病気を同時に抱えており、それは汚染除去作業と他の要因が結合し発症していると考えられました（「被曝後発症の神経性身体障害症候群」）。他の要因とは精神的、感情的ストレス、化学物質、肉体的疲労、経済的ストレス、偏った食事等々です。実際に彼らの罹患率は他の同年齢よりも高率と報告されました。

心身の脆弱性は人の就業機会を減じ、社会からの離反へと誘導します。そのような中で被爆者にとって深刻だったことは、まわりの家族や同僚も含めて、働けない被爆者の状態をもって「人間性」も怠惰になったと見たことでした。戦後直後、誰もが必死に働かなければならなかった時代にあって、「労働力」の有無が人間を裁断する基準となり、それに欠けるものに対して人間性をも怠惰であると決めつけたのでした。原爆ぶらぶら病がかかえた問題は、社会の経済構造、労働の価値、人間変容について、今日につながる難解な問題を提起していると思います。

先に原爆被害の特質に関する五つの形容について述べました。これらはなんとかしてこの巨大な塊を整序し、外の人々（国連をはじめ国際社会）に伝えようとしたためのものであり、その視点は被害をうける立場からこの塊の特質を表現しようとしたものでした。

しかし留意すべきは、これらは人間を打ち崩す原爆、その理解の骨格にはなり得ても、原爆理解のもう一つのテーマ、人間の再生の理解には不完全であることです。この不足は絵画、詩、文学、演劇、映画、写真、音楽、そして真逆の沈黙も加え、その総合性によってこそ理解されます。

大きな破壊の惨状に人間被爆者がどのように向き合うか、その後も長く続く葛藤があります。

いずれにしても、きのこ雲の下の同じ出来事であっても米軍が渇望した『原子爆弾の医学的影響』(オーターソン)流の総括を克服するためのものとして、五つの形容と、原爆に関するいっさいの精神活動があることを強調したいと思います。

第四章　残留放射線と原子爆弾傷害調査委員会

1　ＡＢＣＣ創設とフランシス報告書

原爆投下により広島の医療関係者は八割以上が罹災し、かつ高率な死者を出していました。しかし、広島では翌日から救護活動が始まり、市内各地に救護所がつくられ、軍関係者、生き残った医療関係者、近隣からの救助隊が市内に殺到しました。九月末までに救護に入った県内医療関係者は延べ約二万人、一〇月五日まで市内の救護所が収容した人数は累計で約一〇万人、外来で診療した者約二一万人、他方、隣接する各町村への避難者数は約一五万人に及んだとされます。先に示した原爆死の惨状とその病理は、このような大構図のなかで生じていたものでした。

被爆直後から軍を中心として被爆者の調査が進められており、八月一〇日、大本営調査団は広島比治山南の兵器補給廠で会議を開き、投下された爆弾が原子爆弾であることを確認したのでした（理化学研究所、仁科芳雄）。満州事変（1931年）以来、手前勝手な理屈で進駐し、内外に悲劇を生み続けた一五年戦争は、沖縄、広島と長崎の直接的市民殺傷という形で終わったのでした。

原爆投下一か月後の九月、米軍の進駐とともに米国の調査団（マンハッタン管区調査団）が日本に入ります。自らが投下した原爆の威力の確認のために、そして占領して進駐した米軍の安全のためにも、残留放射能の有無と影響を調査することを目的としていました。

アメリカは原爆調査に関しては日本側の関与が不可欠と考え、最終的には九月二二日、アメリカ太平洋軍顧問軍医アシュレー・オーターソンを代表とする日米合同調査団が結成されました。日本側から提供された資料を基に、アメリカが一九五一年、『原子爆弾の医学的影響』を完成させたことは先に述べた通りです。日本側も調査の報告をほぼ完成させていたのですが、アメリカ側の意向で当時は公表されず、サンフランシスコ条約後の一九五三年、『原子爆弾災害調査報告集』として日の目を見ることになります。

アメリカでは後遺症調査の必要性が建言され、トルーマンは一九四六年、原子爆弾傷害調査委員会（ＡＢＣＣ）の設立を承認します。一九四七年、広島の比治山山頂に「かまぼこ型」の研究施設が完成します。ＡＢＣＣは創立過程で複雑な経過をたどりますが、基本は管理運営の面からも事実上のアメリカの国家機関として創設され、原爆傷害調査研究のための巨大科学プロジェクト機関としてスタートしました。原爆開発の巨大プロジェクトであったマンハッタン計画の戦後版ともいえるものでした。

ＡＢＣＣはその後、調査研究の在り方をめぐり停滞と混乱をかかえることになります。しかし一九五五年一一月、フランシス報告（トーマス・フランシス）が示され、改めてＡＢＣＣは何をめざすのかが勧告されます。フランシス報告はどこに特質があったのでしょうか。

放射線によって障害が起きることは、戦前からすでにわかっていました。キューリー夫人も、放射線障害の病気で亡くなっています。原爆が発する放射線は桁違いですから、原爆被災者にどのような障害が出るのかについての関心は大きかったのです。とりわけ奇形の発生や血液疾患の発症などへの関心が強かったといえます。ところが、アメリカからやってくる学者は、だいたい二年ぐらいの任期で帰ってしまいます。しかも、自分の好きなテーマで研究をしていました。ＡＢＣＣとして何をめざすかが不明確なまま、当初の数年間が過ぎていくのです。

トーマス・フランシスという人はミシガン大学のウイルス学者で、上級の命を受けてレポートを提出します。このレポートは画期的なもので、一言で言うと「放射線による人体障害というのは、数十年のスパンで生じる」、つまり「原爆を投下したから一年後には何かわかるということではない」という見地からのものでした。そういう認識のもとに、固定集団を設定して、その人たちを数十年間見つづけていくという研究の体制を提言したのです。これは前向き調査と呼ばれるもので、もっとも確実な疫学調査とされているものです。一九五八年、被爆者の死亡率調査（寿命調査、ＬＳＳ）に一二万人の固定集団が設定され、また罹患率調査（成人健康調査、ＡＨＳ）に二万人が固定集団として設定されます。

後年、ＡＢＣＣは「調査すれども治療せず」と根本的な批判を受けつづけます。先にＡＢＣＣはマンハッタン計画の戦後版と言いましたが、少なくともＡＢＣＣの創設は軍略上の重要な位置に置かれたことを否定することはできず、被爆者の人体障害の調査・研究の中から普遍的な科学的知見が多く得られたとしても、出自の特質を消すことはできないのです。ＡＢＣＣは放射線影響研究所に引き継がれ、その歴史は現在なお進行中といえます。

フランシス報告が出た一九五五年前後は、国際的にも国内的にも、騒然とした時代でした。核兵器開発に関しても、ソ連がスターリンの指令のもと、一九四九年に原爆開発をスタートさせます。一九五〇年には朝鮮戦争が起きてアメリカが核を使う寸前まで行きました。そして、五三年にはソ連が水爆実験を成功させ、基本的にはこの段階で米ソが対等の力を持つようになりました。マーシャル諸島での核実験で日本の第五福竜丸が被災するビキニ被災が五四年です。そのような激烈な時代のなかでＡＢＣＣの研究体制が確立されていったということです。

国民運動の側においても、五五年は第一回原水禁世界大会が開かれた年です。ご存知のようにビキニ被災の衝撃を受けて、短期間に一〇〇〇万を超す原水爆禁止の署名が集まりました。基本的にはビキニの問題だけではなくて広島、長崎を思い出したということです。そして同年（１９５５年）、原水爆禁止と被爆者援護を中心的課題とする原水爆禁止日本協議会（原水協）が結成され、さらにこの年は、原爆投下を告発する下田訴訟も起こされたのでした。五六年には日本原水爆被害者団体協議会（被団協）が結成されます。

強調すれば、一九五五年は米ソの対立が深刻になる国際状況であると同時に、原爆投下をあらためて告発する国内の運動が大きな盛り上がりを見せた画期とも言えます。とくに国内のこうした動向が、フランシス報告で道筋を整えたＡＢＣＣにどのような問題を投げかけていたのか、そこを考えたいと思います。

2　残留放射線の認識

ＡＢＣＣは米国学士院（ＮＡＳ）のもとに創設され、その資金はアメリカ政府の機関であったアメリカ原子力員会（ＡＥＣ、後のエネルギー省）から出されていました。一九五五年一二月二〇日、アメリカ原子力委員会の生物医学部長チャールズ・ダナムは、米国学士院のデトレフ・ブロンク会長に手紙を出しています（米エネルギー省公文書１０７３６４５、ＮＨＫ報道関係スタッフから提供）。手紙の冒頭で彼は「一一月二七日の特別会議の報告書（フランシス報告書のこと——著者）を受け取っておられると思いますが、ＡＢＣＣの将来に関するわたし自身の懸念をお伝えします」として文章を始めています。ダナムは、基本的にフランシス報告に基づく将来構想を支持する立場から、原子力委員会にとって重要な「二重の利害関係」（ two-fold interest）について述べてゆきます。

まず、「人間に対する放射線の影響について、手に入れられるすべての資料を収集すること、同時に、それを最大限、科学的に解析すること」と述べます。続けて「広島、長崎で起こっている人間に対する放射線の影響について、誤解を招く恐れのある、根拠の希薄な報告は確実に最小限にとどめること」というのです。突き詰めて言えば、これは残留放射線をどう見るかの問題であり、端的に言えば、残留放射線の影響を認めるのは受け入れられないということです。

さらにダナムは、「もしアメリカが引き揚げれば、その発生した真空状態は何かによって満たされる」が、それは「何か悪いもの、時には赤の色合いの香りさえするものとなるでしょう。広島の場合について、特にこのことが言える」と指摘します。そして仮に、そのようになれば「世界の科学界と、国としてのアメリカは敗者となる」とも強調するのでした。フランシス報告に基づいてABCCが体制を整えようとしている状況のもとで、まさに国家機関であったアメリカ原子力委員会は非常に緊迫した内容の手紙をブロンクへ送ったのでした。

ダナムが懸念していた残留放射線の問題は、いつ頃から自覚されていたのでしょうか。五五年の段階でダナムの心に「懸念」があったということは、それ以前から何らかの問題をつかんでいたということです。

その一例として、当時、山口医専の医学生が書いた「入市医学生の手記」というものを紹介します。陸軍病理学研究所に保管されていた『原子爆弾の医学的影響』（1951年）の中に、五一番目のレポートとしてファイルされていたものです（左頁写真）。

この医学生は、八月八日に山口から広島に帰ってきて、府中市の友人宅に一泊します。そのあと自分の実家の牛田に行って、祖母と姪が亡くなっていることを発見します。一〇日にある軍医と出会い、「医学生か。じゃあ、救護所の救護に当たれ」という指示を受けました。どうしようかと彼は悩みましたが、医学研究の末端にいる者としては、それも本望だということで、爆心地から〇・三キロの本川救護所——目の前が爆心地という本川小学校、その破壊されて残った建物に作られたもの——で、救護と遺体処理に従事します。彼の記録を少し追ってみます。

救護所は「多くの患者、強い暑さ、不快な臭い、死体、やけどの軍人の徘徊」が見られ、「五〇〇人近い患者を診たが、そのうちの二〇％は一時間以内に死亡した」と八月一一日に記しています。

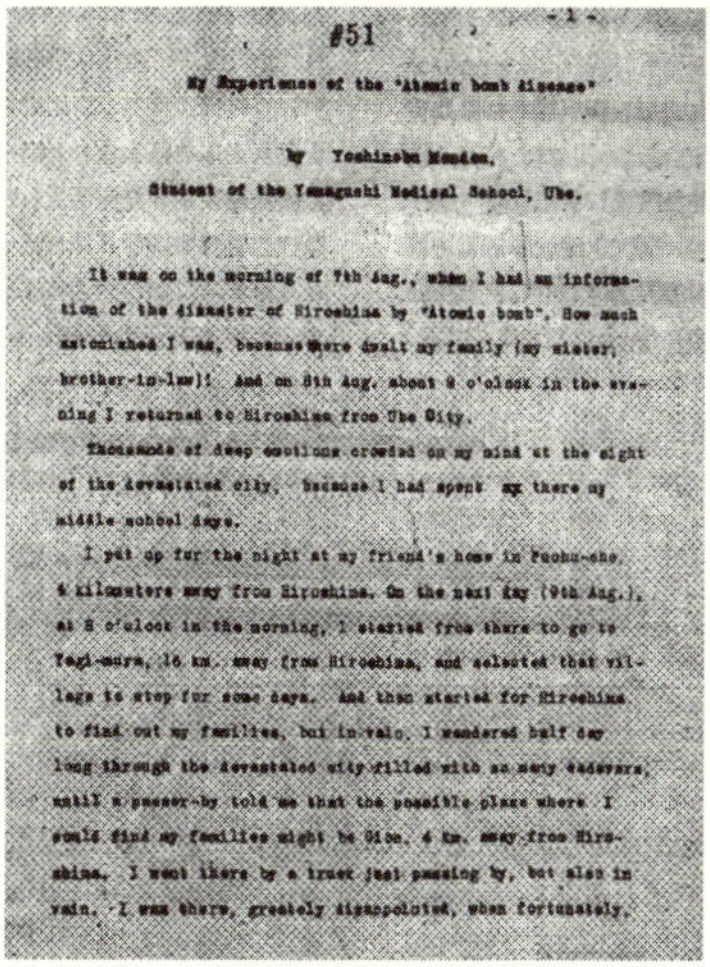
- 1 -

#51

My Experience of the "Atomic bomb disease"

by Yoshinobu Monden,

Student of the Yamaguchi Medical School, Ube.

It was on the morning of 7th Aug., when I had an information of the disaster of Hiroshima by "Atomic bomb". How much astonished I was, because there dwelt my family (my sister, brother-in-law)! And on 8th Aug. about 8 o'clock in the evening I returned to Hiroshima from Ube City.

Thousands of deep emotions crowded on my mind at the sight of the devastated city, because I had spent there my middle school days.

I put up for the night at my friend's home in Fuchu-cho, 4 kilometers away from Hiroshima. On the next day (9th Aug.), at 8 o'clock in the morning, I started from there to go to Yagi-mura, 16 km. away from Hiroshima, and selected that village to stop for some days. And then started for Hiroshima to find out my families, but in vain. I wandered half day long through the devastated city filled with so many cadavers, until a passer-by told me that the possible place where I would find my families might be Gion, 4 km. away from Hiroshima. I went there by a truck just passing by, but also in vain. I was there, greately disappointed, when fortunately,

入市医学生の手記

医学生は毛布三枚で、救護所の端で睡眠をとるのですが、やがて影響が自分自身に表れてくることが記述されます。強度の倦怠感、吐き気、刺すような頭痛、喉の痛み、歯茎の腫れから活動困難となります。八月一五日、この日、医学生は、これ以上の仕事は続けられないということで「軍医殿、もう帰らせてください」と伝えます。「わかった。帰れ」ということで帰ろうとしたのですが、帰る途中で意識を失います。その後、ようやく家までたどり着いたのですが、彼の父親が医者で、自宅（自院）で必死の看病を受けることで、なんとか一命を取りとめたのでした。そして、この手記を書くことができたということです。

彼はその後、医者になっており、二〇一〇年のことですが、わたしは彼が住んでいる倉敷に会いに行きました。彼の英文のレポートを持っていき、「先生、ご記憶ありますか」とお聞きしたら、英文になっていることは知りませんでしたが、日本語で書いたことはよく記憶しておられました。「どういう経緯で書いたのですか」と尋ねたら、「都築教授に依頼された」というのです。都築教授というのは東大の放射線医学の権威で、アメリカとの合同調査団のなかで、日本側の代表でもありました。「あなたの体験は非常に貴重なので日記に書け」と命ぜられたというのですが、「その裏には、オーターソンがいた」とまで打ち明けてくれたのです。彼の口からあの「オーターソン」の名前が出てきたときにはびっくりしました。

彼の臨床経過をさらに詳しく紹介します。八月六日に入市して、一〇日から救護に入って、一五日に意識消失をするのですが、自宅に運ばれた時、彼は三九度五分の熱がありました。そのままの高熱は約一週間つづきます。父親の医院で看病されていましたから、正確な記録が残っていたのです。被爆者が死んでいく過程の中で、熱というのは非常に重要な徴候であることは述べました。ずっと上がり続け四〇度を超すと絶命をするというパターンです。したがって彼の三九度五分というのも、きわめて危なかったということです。

その他の症状としてあらわれたのは、喉がやられて、歯茎がやられて、喉頭が壊死状態になったことです。それから皮膚の出血が八月一九日から出てきます。「これはなんだ、八月六日の時には広島にいなかったのになぜこうなるのだ」ということで、彼は初めて原爆症であることを懸念します。いろいろ調べるなかで、都築博士が「原爆症とはどういうものか」を書いた新聞記事に当たります。彼はそこで「自分と同じだ」と思ったのでした。

COMMENT

This report was written in English by a Japanese medical student. It is reproduced with only minor corrections in order to make it more intelligible. The nature of the illness described by this narrator is not known. However, since he entered the bombed area two days after the bombing it is now certain that his illness was not caused by the effects of residual radio-activity in the City of Hiroshima. The report is important since it represents one type of evidence which led the Japanese to believe that the City of Hiroshima had captured so much radio-activity that it could not be inhabited again with safety for 50 to 75 years.

ヴェルネ・メーソンのコメント

　このレポートは、極めて克明でしかも内容は重大な事実を示しています。この手記が終わった次の頁には、日米合同調査団・広島調査班の主任のヴェルネ・メーソンがわざわざコメントを残しています。「病態は不明だが原爆投下から二日後の入市なので、残留放射線によるものではない」とする一方で、「この手記は多量の放射能のため、五〇~七五年、安心して住めないと日本人に信じさせた証拠として重要である」としています。つまり、当時、広島の人びとの中には、そういう考え方が広がっていて、医学生のレポートは、それに医学的根拠を与えるものとして捉えられていたわけです。

　原子力委員会のダナムが、「誤解を招く恐れのある、根拠の希薄な報告は確実に最小限にせよ」と述べたことは紹介しましたが、残留放射線が関与したかに見えた医学生の症状の記録は極秘扱いとして封印されていたのでした。『原子爆弾災害調査報告集』（1953年、邦文）には第二巻の末尾、参考資料の一部に項目のみ記載されており、少なくとも一般の研究者においても手記の内容をうかがうことはできなかったのです。

さて、ダナムがこの手記自体を知っていたかは不明ですが、少なくとも被爆直後から被災者の救援に入った軍人たちに発熱、脱毛、白血球減少、出血などの急性症状様の状態が確認されていたことは広く知られていたものでした（『広島原爆戦災誌』第一巻、1971年）。しかしダナムは、あえてこれらの出来事を根拠の希薄なこととして否認することを進言していたのでした。

ダナムがもった懸念はさらに拡大していきます。一九五八年、今度はABCCの生物統計部長ウッドベリーから、フランシス報告作成に深く関与したアメリカ学士院の医科学部長ケイト・キャナン宛に一つの重要な手紙が出されます。「広島に重要な文書が存在している」というのです。

どういう文書かというと、当時広島で、若手物理学者であった庄野直美ら三名がまとめたもので、残留放射線についての線量評価を試みたものでした。ウッドベリーは、「広島の原爆投下後の残留放射線に関するもので、大量の残留放射線が存在し、爆発直後、爆心地付近で長時間いた場合、相当の被曝をする」ことを明らかにしたものだと報告します。ウッドベリーは「これは無視できない」、「受け入れるか、修正するか、否認するか」とキャナンに迫ります。先のダナムの緊迫と同様の息づかいと言えますが、なかみは大いにことなります。手紙に関するその後の経緯は不明です。その後のＡＢＣＣの対応から言うと、当然否認という結論を出したということになります。

　この日本人学者の手になる報告書（冊子）は『広島原爆の物理的医学的影響』という題名で、約二〇〇〇名の被爆者の行動パターンを克明に調べ、被曝量を推計したものです。三九九名は入市被爆者のデータです。その中で残留放射線量として三〇ラド以上被曝した者が二〇名いることも示しました。比率は約五％となります。

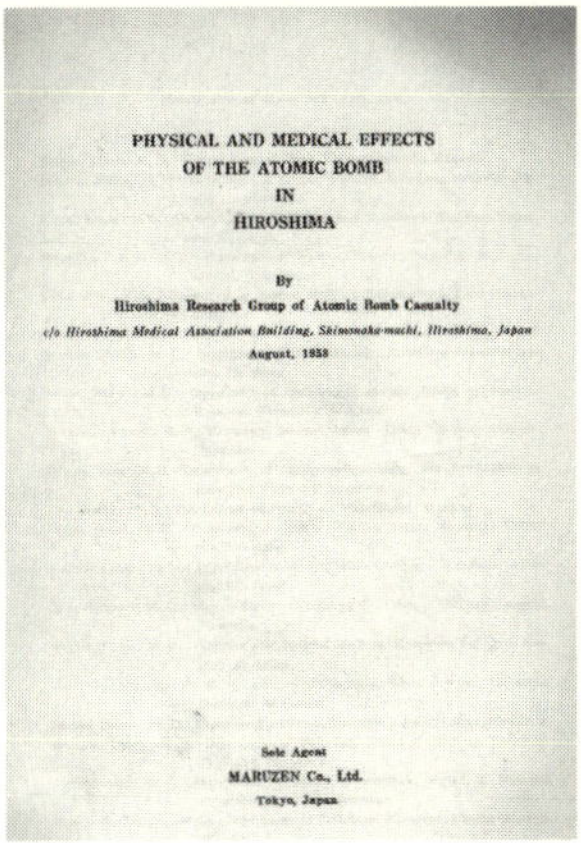
PHYSICAL AND MEDICAL EFFECTS
OF THE ATOMIC BOMB
IN
HIROSHIMA

By
Hiroshima Research Group of Atomic Bomb Casualty
c/o Hiroshima Medical Association Building, Shimonaka-machi, Hiroshima, Japan
August, 1953

Sole Agent
MARUZEN Co., Ltd.
Tokyo, Japan

庄野らの報告書

　初期放射線被曝の場合は、爆心地からほぼ同心円上に線量は低減していきますから、被害の程度も、あるいは死亡率も低減していきます。爆心から何キロメートルにいたのか、あるいは距離はわからなくても何町にいたのかということさえわかれば、その人の死の危険性は一つの式によって運命づけられます。ところが、残留放射線というのは、その人がどこをどのように歩き回ったかによって積算線量が違ってきますから、単純な式では線量とリスクとの相関は表せません。だから行動パターンを調べたのです。どこに何時間いて、どのように歩いて、どこを通ってということを克明に聞き出して、同時にどの地域にどのくらいの被ばく線量があったかということと合わせて、個々人の被曝線量を計算したということです。

3 残留放射線の医学的検証

ＡＢＣＣは残留放射線の影響を否認しようとするわけですが、それを覆すような調査、研究は進みます。入市被爆者の残留放射線による被害について、初期の段階でどのような報告があるのでしょうか。いくつかご紹介します。

一九六八年、広島大学の原爆放射能医学研究所の広瀬文雄（病理学者）は入市被爆者の白血病の発症について報告しました（『日本血液学会雑誌』）。一九五〇年から六七年までの一七年間に、早期入市被爆者四万四一二六人のうち、五四人に白血病が発生していました。被爆者がいつ市内に入ったのかを基準にして白血病の発症率を見ています。入市日で分けると八月六日から九日までに入った人の中からは、一〇万人あたりに換算して九・六九人、一〇日から一三日までが四・

〇四人です。その当時の一般国民の白血病発症率は、一〇万人あたり二・三人です。最も早く入市した人は、一般国民と比べて四倍ぐらいの白血病の発症率があったということになります。

後年、広島大学原爆放射能医学研究所で白血病の染色体研究を長く続けた鎌田七男は、一九七〇年から九〇年の時期における、早期入市者の白血病の発症を報告しました。いわば広瀬の調査に続く白血病発症の報告でした。そこでは、広瀬の結論と同様に、「八月六日から三日間の中で入市した者は、一般国民の三倍」という結果が示されました（2006年、第47回原子爆弾後障害研究会、長崎）。

一九六八年に再び戻ると、日本人の学者、宮田、佐々木らの論文が雑誌『ネイチャー』（1968年）に掲載されます。この論文は末梢血リンパ球の染色体異常の検出率を調べたものです。広島の早期入市者五一名を調べたのですが、安定型染色体異常は三日以内・一キロ以内に入市した方は〇・二六％となっており、一般の〇・〇七％の約三倍であることが明らかになりました。また、不安定型染色体異常を見ると、早期入市者は〇・一三％と示され、一般は〇・〇二％ですから六倍ぐらい高いことが報告されています。入市者の行動によっては、濃厚な放射線被曝をうけた可能性が否定できなかったのです。

先にＡＢＣＣのウッドベリーが指摘した庄野直美ら三名の報告書では、残留放射線が三〇ラド

初期放射線による線量評価DS02（今中哲二 2004）

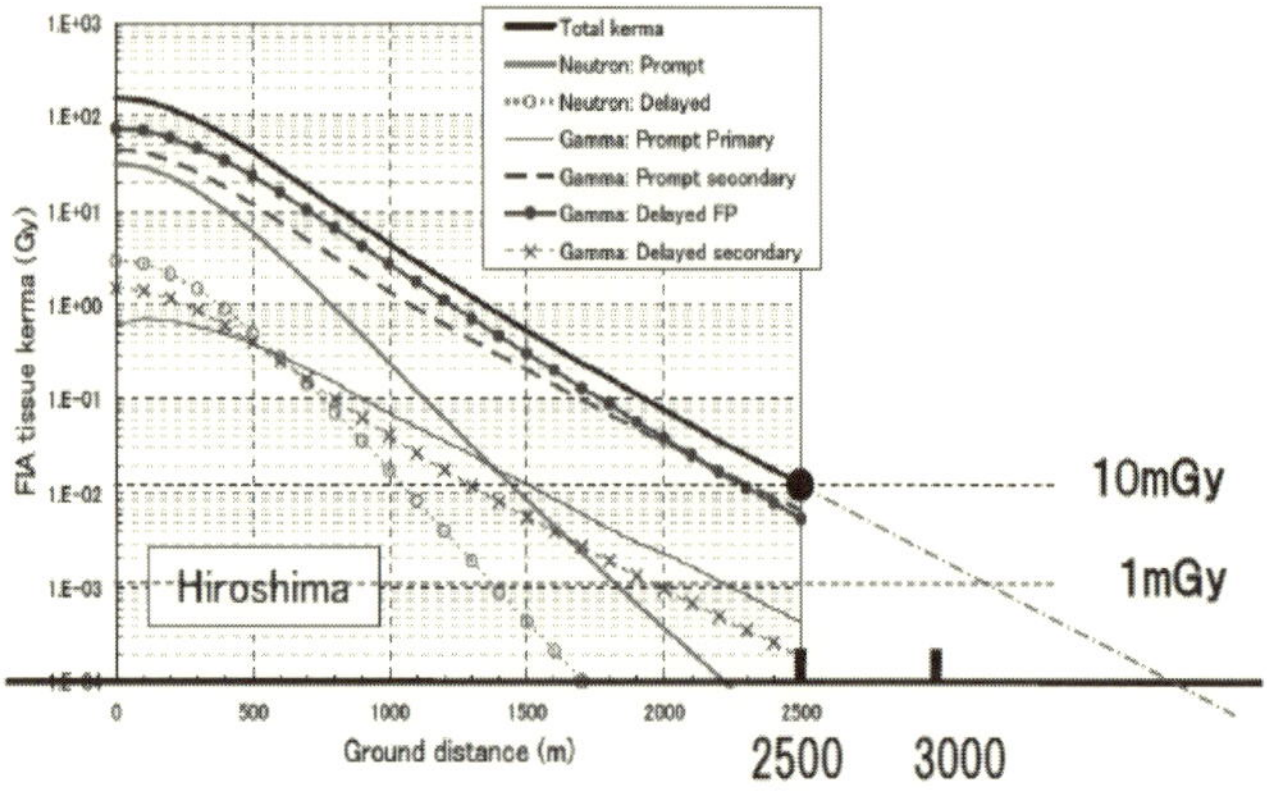

以上の者はだいたい五%という数値を残したわけですが、それから五九年後の二〇一一年、『Journal of Radiation Research』（『放射線研究』）という日本の英文誌で、放射線影響研究所（ABCCの後身、RERF）の平井らが一つの論文を上梓します。

平井らの手法は、被爆者の歯が被曝することでエナメル質の電子構造が変化することに着目し、その変化の程度から被曝線量を推計するもので、「電子スピン共鳴法」というものです。放射線治療歴のない被爆者四九名の方々から提供された臼歯を用いて調べた結果、三〇〇ミリグレイ（旧表記では三〇ラド）の被曝をした人たちが、爆心地から三キロあたりに少なからず確認されたとするのです。

そもそも三キロ地点の被曝のレベルはどの程度

かというと、新しい線量評価のＤＳ02を適用した場合、二・五キロぐらいにいる人は初期放射線被曝で約一〇ミリグレイぐらい、三キロとなると数ミリグレイぐらいです。従って、三キロのあたりで三〇〇ミリグレイの被曝をしているというのは、初期放射線によるものではなく、放射線治療によるものでもなく、原爆が投下されたあとに市内を歩き回ることによって被曝したとしか考えられないということになります。臼歯には舌側と頬側の両面がありますが、厳密を期すために、平井らは両面を調べています。かりに舌側、頬側ともに三〇〇ミリグレイだとなれば、「放射線が貫いた」ことが示唆されることになります。そして実際、両側とも三〇〇ミリグレイのものが四九名中三名確認されています。六％となります。

庄野直美らの調査は、三〇ラドを超えるとみられるものの比率が五パーセントであったことを明らかにしたわけですが、平井らの調査結果はそれに非常に近似した数値と言えます。庄野らの報告（１９５８年）から五三年後（２０１１年）、放影研自身の手で、再び有意の残留放射線被曝の知見をとらえたと言えます。

4　被ばく線量

フランシス報告は、ＡＢＣＣの役割を後障害発症の長期的な観察におきましたが、その意味は被爆者がうけた被ばく線量に応じて後障害の発症頻度が増加するのか否かを見ることでした。

ここで重要なことは、被爆者の系統的な線量評価が長く不完全な状態であったことです。曲がりなりにも尺度としての線量が確定したのが１９８６年のＤＳ86線量評価であり、それがさらに改訂されたのがＤＳ02線量評価でした。この線量評価は初期放射線の系統的評価であり、当然にフォールアウト（黒い雨など）と地上における中性子による誘導放射能等の残留放射線の推計は含まれていません。京都大学原子炉実験所の今中哲二を含む研究者らはＤＳ02の確定をうけて、被爆者の残留放射線被曝量の推計をあらためて試みています（２００８年）。爆心地の土壌の金属構成（Na、Al、Sc、Mn、Co）を参考に爆心地付近での誘導被曝線量は最大１・２グレイ（広島）、及び０・６グレイ（長崎）とし、爆心地から五〇〇ｍで一〇分の一、一〇〇〇ｍで三〇〇〜四〇〇分の一に急速に減じることを計算しました。この減衰は爆発からの時間とともに一層急激に進みます。

また彼は、別の論考で内部被曝線量についても推計しています。原爆投下当日、八時間の後片付け作業を想定し、塵埃濃度を二㎎／m³とし、実効線量〇・〇六マイクロシーベルトと計算し、初期放射線外部線量と比べ無視できるレベルとしています（「広島・長崎原爆放射線線量評価システムＤＳ02に関する専門研究会」報告書、２００４年）。しかし彼は、現実問題として原爆投下後、早期に爆心地一キロ以内に入ったものの中に放射線急性症状と見られる人たちがいる事にもしばしば留意し、被曝線量の過小評価の可能性にも言及しています。

今日、ＤＳ02線量評価は被爆者個々人の被曝量を推計するものとして利用されているのですが、そこにおける個人の被曝量の推計では残留放射線被曝を含まないものです。系統的で一律の評価が不可能であること、また残留放射線被曝の傷害性は無視できるとする考え方から来ているものです。しかし、ＡＢＣＣの創設時点に戻って考えれば、長く滞留する残留放射線被曝を国民から隠したかったことに根本的な意図があったともいえます。

他方、今日まで続く固定集団の調査（ＬＳＳ、ＡＨＳ）では、疾病の過剰発症率と初期放射線量（ＤＳ02）との相関性は十分な疫学的有意性を示しつつ算出されてきています。ＡＢＣＣは一九七五年、日米共同出資の財団法人放射線影響研究所（ＲＥＲＦ）として再スタートしますが、初期放射線被曝量と疾病の過剰発症の線量相関性、この基軸はフランシス報告から続く課題で不変なのです。

したがってそこでの問題は、被爆者救済の基準を、被害の総体に置くのではなく、初期放射線の多寡にのみ厳格に従わせようとすれば、被爆者の実態と大きく矛盾することになることです。しかしＡＢＣＣ―放射線影響研究所（ＲＥＲＦ）の姿勢、及び日本政府の被爆者対策の基本的姿勢は共通して、残留放射線の傷害性を否定することに置かれてきました。そればかりでなく初期放射線被ばくの多寡をもって救済を差別化し結果的に救済の幅を狭めてきたと言えます。

ＡＢＣＣ―放射線影響研究所流の「科学」、そしてその「科学」に積極的に従う日本政府流の被爆行政（後述）のもとで、被爆者の活路はどこに求められるべきなのか。

日本の敗戦―ＡＢＣＣ創設から続く根源的な問題と言えます。さらに考えてゆきたいと思います。

第五章　司法への活路

1　空白の一二年間

先に、一九五五年及びその前後の時期を、国内的には原爆投下を告発する大きな画期と言いました。第一回の原水禁世界大会が開かれたこの年に、広島平和公園で被爆一〇周年の祈念式典があり、五万人が集まりました（次頁中国新聞写真）。

生きることに必死であった時期、被爆者とその家族が平和公園に五万人も集まった事実は、被爆者が一〇年間おきざりにされたことと無縁と見るわけにはいきません。採択された平和宣言のなかでは、当時の渡辺市長は渾身の力をこめ「被爆者は必要な医療も満足に受けることなく生活苦と闘いつづけている」と述べました。それは被爆から一〇年をへた一九五五年時点においても、

日本政府がただの一片の救済法もつくらなかったことと表裏の現実でした。
　同じ一九五五年、広島の被爆者下田隆一ら三人は「原爆投下は国際法に違反する不法行為であり、サンフランシスコ講和条約で賠償請求権を放棄した日本政府は、被爆者に補償、賠償すべきである」として東京地裁に提訴したのでした。一九六三年の判決は、原爆投下を国際法違反と判示しますが、裁判の結果は敗訴でした。司法は何をつかみ、何をつかまずして敗訴としたのか。子ども五人を原爆で失い、弟一家七人の全滅を見た下田隆一にしては絶対に承服できないものであった言わざるを得ません。立ちはだかった大きな壁は、自国を越えて他国の為政者を断罪できないとする国家の壁でした。しかしこの下田訴訟は後年、原爆裁判や国際法の分野、核廃絶の運動のなかで、不動の輝きを取り戻すことになります。

国内の動きはどうなったのか。

ビキニ被災を契機として改めて被爆者の問題が取り上げられるなかで、一九五七年、まがりなりにも国庫負担による健康診断と医療の給付をはかる「原爆医療法」が制定されます。被爆から一二年が過ぎていました。実は一九五三年、広島市は「原爆障害者治療対策協議会（原対協）」を発足させており、国への陳情もあって国からこれに関係する経費が支給されていたのです。つまり、国は被爆者の置かれている状況を知らないわけでは決してなかったのでした。一九五三年と言えば、先に言及した小沼らの「間脳症候群」の病態が報告された時期です。一九五五年は平和宣言での訴えがありました。国は世論におされて救済の法を初めて制定をするのでした。

この一二年間は被爆者がもっとも救済を求めた時期でもありました。わたしは一片の救済法も制定されなかった一二年間を原爆被爆の第二の惨状と呼んできました。投下の第一撃に加え、今度は日本政府による不作為という第二撃が、被爆者の苦悩を深めたと言えます。この不作為の罪は深いと考えています。調査機関のＡＢＣＣが、被爆者を長期の固定集団としておさえて被爆者の人体を探る作業に入ったこの時期、日本政府は被爆者のそばにいることは決してなかったと言えます。

2　原爆二法

一九五七年の原爆医療法の制定（被爆後一二年）のあと、一九六八年に至って、「原爆特別措置法」（被爆後二三年）が制定されました。「原爆特別措置法」によって初めて状況に応じた各種手当（健康管理手当、医療特別手当、保健手当、介護手当など）が設定されることになりました。原爆医療法が医療面への対策が中心であったのに対して、被爆者の生活面を留意した対策と言えました。この二つの法律を原爆二法と言い、これらの動きは少なくとも被爆者の多疾と労働力低下に対応する面を有し、遅きに失しているとはいえ被爆者に対する法整備としては発展と言えました。

原爆医療法と原爆特別措置法は一九九四年に「被爆者援護法」に一本化されるまで、それぞれ複雑な「改正」がくりかえされました。重要なことは、原爆二法にはともに厚生大臣が認定する「認定被爆者」になってゆく道があったことです。この道は被爆者がもっとも重視した方向であり、「あなたの疾病は原爆放射線被ばくによって発症した疾病」であるとし、原爆投下と被爆者の疾病の関連を国が認めるものでした。認定被爆者として「認定」された場合、医療手当（原爆医療法）や医療特別手当（原爆特別措置法）が支給されてきました。この「認定」がなぜ被爆者にとって重要かといえば、支給金額の高額さもあったのですが、何よりも自分たちの現在の辛さが原爆のせいであると国に認めてほしい、国には償ってほしいとする被爆者のこころに、深くかかわってくるものだからです。しかし「認定被爆者」の比率は長く生存被爆者の一％に満たなかったのです。

わたしは、原爆被爆後の救済の法律がなかった時代を無法の時代と言い、原爆二法に立ち至った時代を法の時代とよんできました。いわば無法から法への発展です。しかし無法から法へという表現は、単に一二年間の法なき時代から一九五七年以降の法をもつ時代へ進むという意味にとどまらず、その真実の意味は、国家による被爆者の放置から国家による被爆者への補償（国家補償）へと、どんなに困難であってもその道へすすむ端緒がつくられたということです。この端緒は、それまでの被爆者自身が抱えた苦悩そのものがひらいたものです。

先ほど、下田訴訟についてふれました。この意義はきわめて大きいので、さらに詳しく紹介したいと思います。

これは、広島の小河内町で被爆した下田隆一さんら三名が、「放置されたのは耐えがたい」と東京地方裁判所に訴えた裁判です。証人尋問はなく文書審査だけでした。そして八年間の審理の結果は、「個人は戦争の相手国を訴えられない」ことを理由に却下するものでした。敗訴判決でした。下田さんたちは敗訴を受け入れ、勝訴した国は控訴することがないため、この判決が確定したのです。しかし判決の真の矢は、敗訴の論理のなかにではなく、原爆により生み出された惨状にこそあり、その惨状を解析した論理にこそ存在しました。

一つは、ハーグ陸戦条規（1899年）二三条で使用が禁止された毒ガス以上の苦痛をもたらす原爆の使用が、国際法に違法することは明白であると断じたことです。この明白さとは、被災をうけた人間個体の直接的、身体的な苦痛が明白であること、さらに彼我をこえていずれの人間においても、それを感受することの堪えがたさは明白であることをさしました。

この当時、核をめぐる状況はどのようであったのか。すでにソビエトが水爆実験を成功させ（1953年）、アメリカと拮抗していく。イギリスも核実験を開始し（1952年）、フランスもあとを追う（1960年）。中国も一九四九年の中華人民共和国として建国後、核開発競争に参入してくる（1964年）。大気圏でのすさまじい勢いの核開発競争が極限に達していた時期でした。第二次大戦の戦勝五か国がさらなる計略に突き進んでいた時期に、判決は半世紀前に言及されていた「不必要な苦痛」（ハーグ陸戦条規）を呼び覚まし、核兵器使用の何たるかを問うたといえます。

判決はつぎに原爆被害を国の戦争行為との関連でふれます。日本が起こした戦争行為は、「国家総動員法」と「治安維持法」で国家と国民を同体として縛りつづけ遂行されたものであり、そこには戦争指導者と一般市民との間の相対的に独立した関係を、暴力で封じつつ遂行されたものでした。判決は敗戦後の結果論としてではあっても、そこにふれたのでした。子どもや家族を無慈悲にも失わせたことについて、なんの痛痒もなく放置する道理が国にはないと考えたのでした。

判決は言います。

「不幸にして戦争が発生した場合には、いずれの国もなるべく被害を少なくし、その国民を保護する必要があることはいうまでもない。このように考えてくれば、戦争災害に対しては当然に結果責任に基づく国家補償の問題が生ずるであろう。現に本件に関するものとしては「原子爆弾被害者の医療等に関する法律」（原爆医療法のこと―引用者）があるが、この程度のものでは、とうてい原子爆弾による被害者に対する救済、救援にならないことは、明らかである。国家は自らの権限と自らの責任において開始した戦争により、国民の多くの人々を死に導き、傷害を負わせ、不安な生活に追い込んだのである。しかもその被害の甚大なことは、とうてい一般災害の比ではない。被告がこれに鑑み、十分な救済策を執るべきことは、多言を要しないであろう」

こう述べたのです。そしてそれは裁判所の役割ではなく国会と内閣の職責であり、国会と内閣が存在する存在理由であるとしたのです。

下田判決は、少なくとも市民無差別大量殺戮の軍事思想を撃ち（原爆投下の国際法違反）、そこに導いてしまった戦争開始責任の決着があるべきだとしたのでした。形としての判決は敗訴でしたから、下田隆一個人の無念は消えません。しかしその無念に寄りつつも言えば、下田隆一個人の現実の敗訴は、無数の「下田隆一」の未来の勝訴を引き寄せたといえるのではないでしょうか。

しかし現実の歴史は厳しいものです。原爆二法のもとにいる被爆者の身体はどのような状態だったのか、一つの調査に触れたいと思います。

原爆二法は、まず根本的に被爆者に対して、法律上の被爆者であること、被爆者になることを求めました。つまり法律の制度活用のまえに、あなたはその活用をうける被爆者になりますか、またその資格がありますかを求めたのです。被爆者健康手帳の取得の問題です。原爆投下時、広島市、あるいは長崎市に居住していたか、二週間以内に市内に入市したかどうか等を問い、有資格の被爆者に「被爆者健康手帳」を交付したのでした。手帳の所持により制度上の被爆者となり、その所持により健康診断や医療給付が可能となったのです。

多くの被爆者は手帳を所持することになったのですが、一九五七年以後も、一九六八年以降も、少なくない被爆者は様々な理由で手帳申請を遅らせていました。そのようなものに頼りたくない、自分が被爆者であることを家族に隠したい、まだまだ元気である、あるいは制度自体を知らなかったなどが理由です。しかし、被爆者自身が高齢となり、身体の衰えや疾病を抱えるようになったり、経済的に困窮するようになったりなどして、これもまた様々な事情で手帳取得に向かったのです。

　広島大学原爆放射能医学研究所の疫学グループが、この問題で調査を行いました。被爆者は被爆者健康手帳取得から、何年経過の時点でどのくらい死亡するのかを見たのです。対照を非被爆者とし、それと比較する対象は一九六八年から一九八二年の一四年間に手帳取得をした被爆者です。

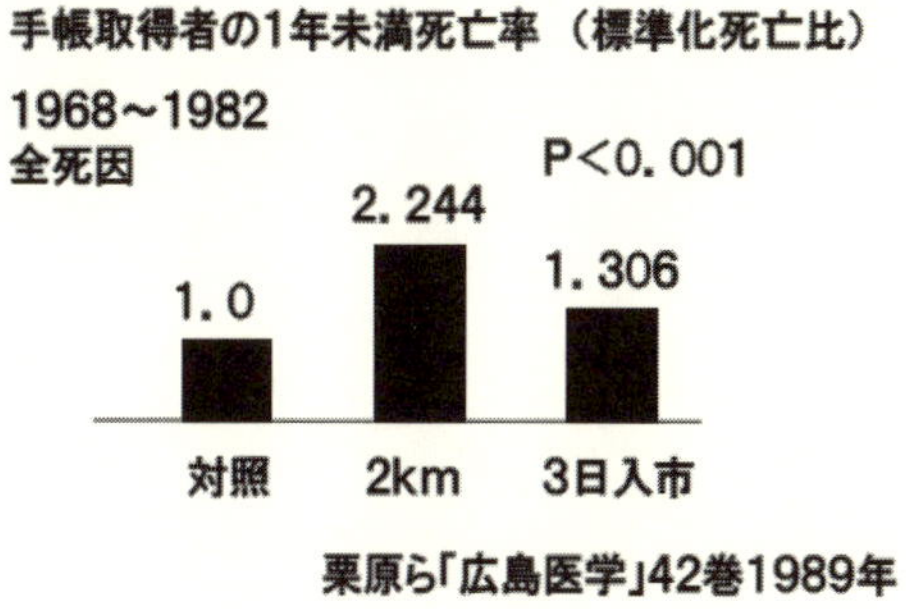

　調査結果の一部を示しますが（上図、筆者作図）、例えば年齢を調整し死因を分けず得られた死亡率（全死因死亡率）を、手帳取得一年未満の期間で比較すると、爆心地から二キロ以内直接被爆者は対照の二・二四四倍、三日以内入市被爆者は一・三〇六倍であったとしています。さらに、死因をがんとした場合、一年未満死亡率は二キロ被爆者三・八二九倍、三日以内入市被爆者二・〇三三倍（p＜0.001）とさらに高値となりました。簡単にいえば原爆特別措置法施行（１９６８年）以降の手帳取得者を調べたら、彼らはその年齢における非被爆者とくらべ、取得から一年以内の時期に亡くなる率が高

かったというのです。

このことは「手帳」を取得して「被爆者」になったために死亡率が上がったのではなく、被爆者健康手帳を取得しようと思い立った被爆者においては、その時点ですでに身体に深刻な状態を潜在させていたということを意味していました。この調査期間は一九六八年以降の調査結果ですが、それ以前の場合においても類似の傾向があったことを否定することはできません。

学者の調査結果は被爆者の現実を多くの人々に可視化する重要な手法ですが、家族を失った当の被爆者にとっては、早すぎる死の現実は見えていたはずです。つまり家族や親族を失った被爆者には、その時点で被爆とその救済法の実際の乖離、そのやりきれない無念さは見えていたのでした。

被爆者の心は先に述べたように、国が被爆者の苦悩を知ってほしい、そして苦労をかけたと謝罪してほしいというもので、このことを国に求めたのでしたが、それはごく自然な気持ちです。身内を失った家族としての自分の、そして被爆者としての自分の、ごく自然な感性と言えます。原爆の惨状が戦争行為の結末として生じ、一般の戦争被害の比ではないとしたとき、被爆者の感性に対する法の在り方は国家補償とならざるを得ませんでした。

3　国家補償の考え

一九六六年、日本原水爆被害者団体協議会（日本被団協）は結成（1956年）から一〇年を迎えていました。この一〇年は、被爆者の健診や医療費援助を打ち出した原爆医療法（1957年）からの九年と重なるものでした。被爆者の現実は、下田判決が言うように、「この程度のものでは、とうてい原子爆弾による被害者に対する救済、救援にならない」ことが明らかだったのでした。

被団協は被団協の目的、被爆者の考えを「原爆被害の特質と被爆者援護法の要求」（通称、「つるパンフ」）として内外に示しました（1966年）。これは被爆者の援護、救済について、国家補償の精神を土台とすることを求めるものであり、下田判決の認識を十分に受けとめたものです。政府は一九六八年に至り、原爆医療法から一定の発展と整備を図った原爆特別措置法を制定することになります。

原爆医療法、下田判決、被団協「つるパンフ」、原爆特別措置法、等の一連の動きは一つの発展であることは間違いないにしても、現実に被爆者健康手帳を取得し、その先にある認定被爆者へ辿りつこうとする道は遠いものでした。紆余曲折はそのままと言えましした。しかしこのような蛇行と閉塞の状況は、逆説的にいえば、国民との連携をつくる過程でもあったのです。

一九六八年の原爆特別措置法によって整えられた各種手当、とりわけ認定被爆者に支給される医療特別手当の問題が重要であることは述べました。しかし、被爆者のそのような気持ちを積極的に受けとめる医療機関や医師は、かりに広島市、長崎市の場合をのぞくとしても、全国的にはきわめて少なく、具体的に被爆者の疾病の特質、その上にたつ制度の活用の意義に通暁している医師も少ないものでした。全国の自治体においても制度活用を積極的に広報する姿勢は少なかったと言えます。

なぜ少なかったのか。被団協は「つるバンフ」において国家補償の理念を打ち出しましたが、この理念こそが原爆二法に欠けていたものであり、あるいは全国の自治体が躊躇したものだったからです。被爆者による原爆二法のもとにある制度の活用を、究極的には医療特別手当の認定申請にまで進めることは、医師側にとっては原爆被害に関し一定の深い認識が必要であったと言えます。被爆者の医療や認定制度の活用を広くすすめる全国的な運動が澎湃として生じなかった理由の一端がここにあります。

孫振斗裁判の意義

しかし、この被爆者援護・救済における国家補償の問題は思わぬところから浮上します。それは在韓被爆者の孫振斗裁判でした。

広島で被爆した彼は、一九七〇年に原爆症治療目的で日本に密入国して逮捕され有罪判決をうけます。しかし服役後、福岡県知事に被爆者健康手帳の交付を申請し、交付を拒否した福岡県を提訴する形で裁判は進行します。そして、福岡地裁（1974年）、福岡高裁（1975年）、最高裁（1978年）といずれも原告である孫振斗勝訴の判決が出ることになりました。

とくに最高裁は、日本政府が「（原爆医療法は）純粋な社会保障立法であり国家補償法的性格を有するものではない」と主張するのに対して、次のように述べたことが重要です。すなわち、原爆医療法は被爆者の健康に着目して公費により必要な医療を給付するという点からは社会保障法としての性格を有するが、同法は原子爆弾による「特殊な戦争被害について、戦争遂行主体であった国が自らの責任によりその救済をはかるという一面も有するものであり、その点では実質的に国家補償的配慮が制度の根幹にあることは、これを否定することはできないものである」としたことです。この最高裁判決は、さかのぼること一五年の下田判決（1963年）に通底する考えといえます。国家補償の希求は被爆者の無理難題ではないとしたのです。

国はこの「国家補償的配慮」の指摘にたいして、早速、茅誠司東大総長を座長とする「原爆被害者対策基本問題懇談会」を開き、国民は「戦争被害を受忍すべき」とのいわゆる「戦争被害受忍論」（基本懇答申、１９８０年）を打ち出したのでした。戦後の歴史は原爆被害に関し、東京地裁（下田判決）、最高裁（孫振斗判決）と続く国家補償の底流をつくる一方で、絶えずそれを許さないとする考え、救貧法的な意味を持つ社会保障の考えを対置させてきたと言えます。その対立は見事に鮮明であり、戦後四五年（基本懇）の時点で被爆者行政の根幹は矛盾と相克に囲まれたものであることが明白になったと言えます。

全日本民医連の登場

さて先に、被爆者の認定申請の願いを積極的にうけとめる医師や医療機関が全国的にきわめて少ないことに触れました。しかしそのような中でも、自覚的に被爆者の認定申請を援助する医師が出てきます。全国的に見た場合、そのような医師の多くは全日本民主医療機関連合会（全日本民医連）加盟の医療機関に勤務する医師でした。かりに被爆者救済運動史という言い方が許されるならば、振り返ってみて、そのなかに全日本民医連の医師たちの取り組みを欠落させることはほぼ不可能と言えます。

全日本民医連は戦前の無産者診療所の歴史を引き継ぎ戦後一九五三年に結成された組織です。まさにＡＢＣＣの創設（１９４６年）、核使用の危機を孕んだ朝鮮戦争（１９５０年）、サンフランシスコ講和条約（1951年）、ソ連水爆実験成功（1953年）、そしてビキニ被災（1954年）と歴史の歯車の急回転のなかでうまれました。

全国的な組織体制を有する他の医療組織、たとえば赤十字病院でもなく、農協の厚生連病院でもなく、恩賜財団済生会病院でもなく、なぜ民医連が被爆者医療と結びつくのか。それは、民医連の医療の根本に据えられたのが、外においては反戦平和の思想、内においては無差別平等、働く人々のための医療だったからでした。その精神から、ビキニ被災に際しては現地焼津や築地市場での調査、乗組員家族や関係者の健康調査にもあたったのでした。原爆症の認定数が低下し、認定率もあきらかに低下しつつある時期の一九六六年（認定数八九名、認定率七四%、被団協調査）、民医連は医療活動方針のなかで被爆者医療への取り組みを正式に決定し、全国に居住する被爆者、全国で肩身の狭い思いを抱いていた被爆者を視野にいれ、いわば組織を挙げて被爆者援護・救済に関わることを決めたのでした。

民医連は、原爆被害の性格を一般戦災とことなりその異質性から戦争の最大の犠牲者ととらえ、また被害への視点を受忍論ではなく国家補償の観点でとらえるべきことを早くから理解していました。このように原爆被爆者援護・救済のかかわり方において、その意識の軽重を決めたのは国家補償の観点を決定的と見たかどうかだったと言えます。

全日本民医連は一九六七年、第一回の全国民医連被爆者医療研究集会を被爆地広島で開催します。全国一六都府県の三九院所から七六名、被団協等を加えると一〇〇名が参加した集会でした。被爆者が全国でどのような状況に置かれているのか、制度活用の困難な状況は何か、被爆者の治療はどのようになされているか、ＡＢＣＣの評価はどうあるべきか、被爆者への差別はどうなのかなどを検討し、全国の被爆者に対応する「統一カルテ」作成についても議論したのでした。いわば全国に散った被爆者が、いま抱えているほぼすべての課題に焦点をあわせたのでした。

認定率の低下が意味するもの

では原爆二法のもとで医療特別手当の認定を求めた被爆者はどのような状況となっていたのか。被団協がそれを調べたことがあります。

その調査（次頁筆者図）によると、原爆医療法（１９５７年）直後の四年間は申請者のほとんどが認定されましたが、その後漸減し、原爆特別措置法が制定された一九六八年以降、認定率は五〇％となりさらに低下してゆきます。直後の認定申請者は一〇〇〇名をこえますが（年間平均一一七三名）、その後いったん申請は低下します。制度開始直後の一斉の申請がいったん止んだ形となっています。その後、一九六一年以降、申請者は年間約一七四名から三〇六名へ漸増して

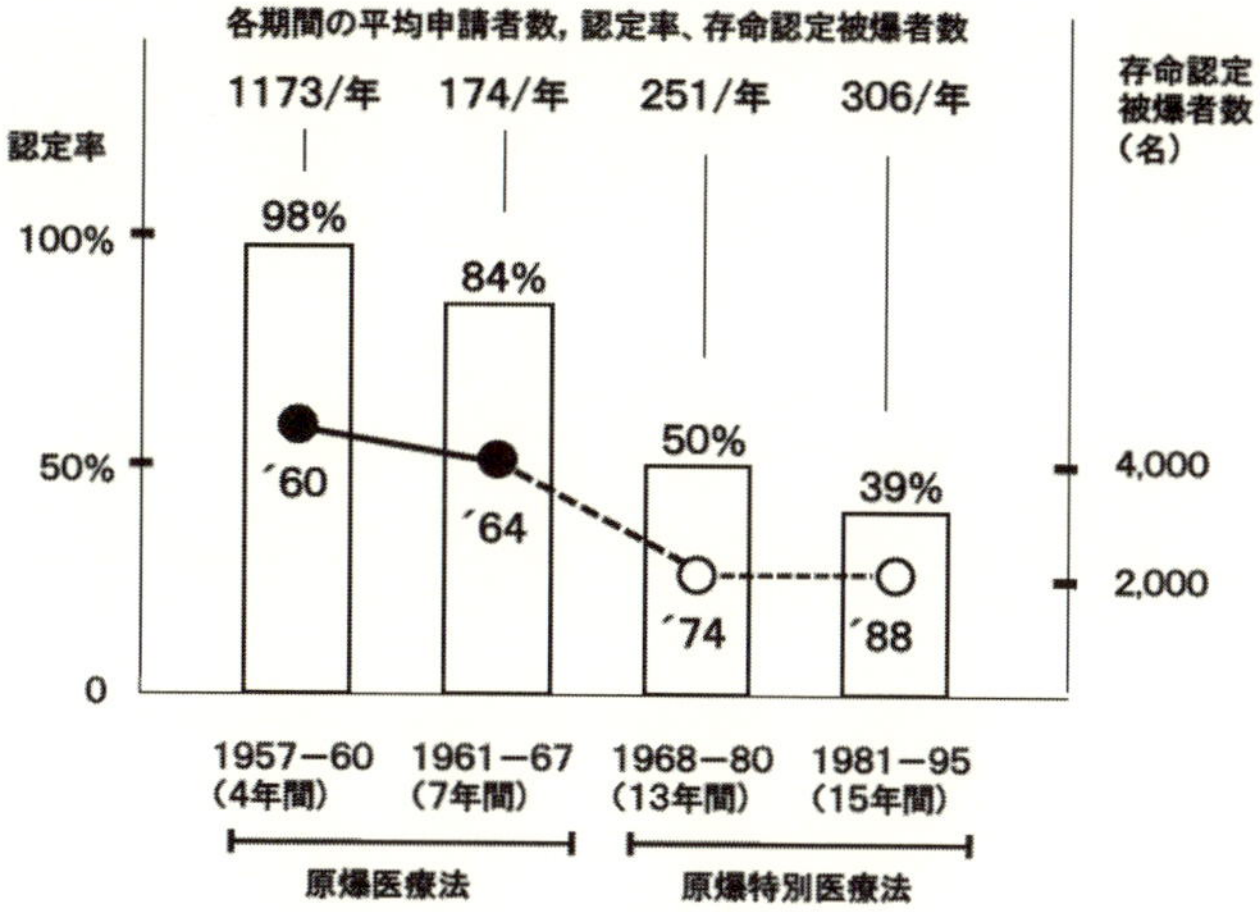

いくのですが、逆比例して認定率は低下してゆきます。そして原爆特別措置法（１９６８年）以降は、申請者の大半は却下される時代に入ったのです。調査はそのことを示しています。

なぜ原爆症の認定率は低下してくるのか。もし制度活用が被爆者にとっても、行政にとっても望まれるものであるとすれば、申請数の漸増を反映し、認定率はふつう漸増してもよさそうでした。いわんや申請者の過半が却下される事態は特別の理由がなければなりません。

認定の基準として二つの要件がありました。一つは疾病の放射線起因性です。現実的には一グレイ以上の高線量被ばくであることが求められていました。二つ目は現在、医療を要する状態であること（要医療性）です。わかりやすくいえば、疾病はほぼ近距離被ばくの悪性腫瘍に限られ、外傷は論外であり、非がん疾患も原爆白内障を別とすればそれだけで却下でした。当然、入市被爆者は論外でした。

しかしそもそもなぜ認定申請者が徐々に多くなるのかということです。ふつうに考えれば被爆者の多疾状態、不健康状態が一般の国民と比べて多いという現実は、認定申請数の増加につながります。また被爆者においても残念ながら経済的格差があります。原爆による財の喪失に差があり、その後の蓄積にも差が生じます。少なくない被爆者に脱却困難な生活の困窮があったわけで、それがもたらす不健康も認定申請に向かわせたと言えます。それなのに基準を超えられず結果的に大量の認定率却下につながってくのです。

しかし、被ばくとの関連でもっと丁寧に考える必要があります。放射線被爆と悪性疾患の関係が明白となったのは白血病でした。その後の一九六〇年代以降、被爆者の固形がんの有意の増加が確認されてゆきます。発がんの問題を見てみると、もっとも早く放射線被爆と悪性疾患の関係が明白となったのは白

一九八〇年代まで甲状腺がん、乳がん、肺がん、胃がん、結腸がんの増加が、この順序で確認されてきます。また先に述べたように、がん疾患も含めて被爆者の多疾という観点では、一九七五年の厚生省調査でも確認されていました。

放射線影響研究所による死亡調査（寿命調査、LSS）は現在も継続しているものですが、最

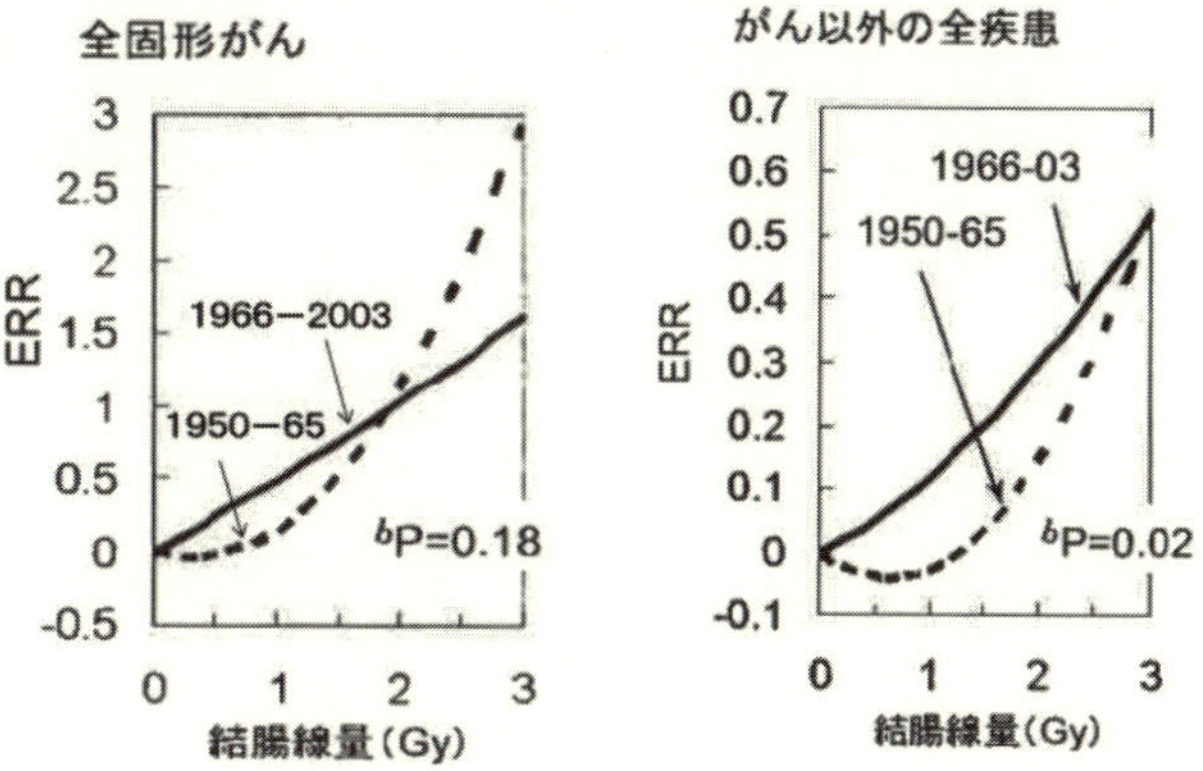

新の報告が第一四報（２０１２年）として出ています。

上の図（左）は一九五〇年から二〇〇三年までの調査で、（全）固形がんの線量相関（過剰相対リスク）を見たものです。がん死亡率は依然として一般国民よりも被爆線量に応じて高値であることを伝えるものですが、時期的に早期の調査結果（破線：１９５０年から１９６５年までの調査）と後期の調査結果（実線：１９６６年から２００３年まで調査）を比較しています。がん死に関しては近年（実線）に至っていっそう低線量域の被爆者においてもがん死率が多かったことを示しています。なお疫学的には時期によりがん死亡率のリスクに違いはなかったとしています（ｐ＝０・18）。

またがん以外の疾患での死亡率についても検討しており早期の調査結果（破線：１９５０年から１９６５年）と後期の調査結果（実線：１９６６年から２００３年）を

比較し、興味深い結果を報告しています。一九六五年までの調査群には放射線感受性の低い人（放射線に強かった非と）が多く含まれた可能性があるとみて、後期の調査の結果においては、そのような被爆者群にも徐々に被曝線量の影響があらわれて、低線量域（図では1Gy以下）でも死亡率が上昇したとみられたことです（両調査群はp＝0・02で、後期調査群でリスクが有意に上昇）。

つまり認定申請の増加の背景に、がん疾患のみでなく非がん疾患においても死亡につながるような重症化が、放射線被ばくと関連しつつ増加していた可能性があったということです。

これらのことは、軽症者がことさらに認定申請に駆け込んだため申請数が増加したとは単純には言えないということです。認定率の低下傾向は認定要件を厳しく適用つづけたことが主要因であると言えたのです。のちにふれる「原爆裁判」（認定申請却下処分取消訴訟）では、そのことが大きな背景となりました。

認定率の経過を見た図（83頁）にもどりますが、申請者が増加しても政府の認定審査会は多くを認定却下としてきたため、そのことにより被爆者の認定者数（存命認定被爆者実数）は原爆医療法、原爆特別措置法の時代を通じ、ほぼ一定数、約四〇〇〇名（●）にとどまっていました。図中で七四年（〇）、八八年（〇）では、認定被爆者から治癒事例を差し引いて表記されるようになり、約二〇〇〇名台へ低下します。先に述べたように、全被爆者数に対する比率で見た場合、少なくとも一％を大きく超えることはついぞなかったのでした（2000年3月末時点、全被爆者二九万七六一三名、存命認定被爆者二〇八二名、〇・七％）。附言すれば、単年度で認められる存命認定被爆者数の問題は政府にとってみれば、国家補償に関連する認定問題を一定予算以下に抑制していることの証左になります。

高線量被ばく、がん疾患のみの認定、三〇％台の認定率、存命被爆者の一％のみ、これらの被爆者の現実を見つめつつ、他方で、がん疾患、非がん疾患の過剰死亡が持続することを示す疫学統計をかさねるとき、後述する「認定申請却下処分取消訴訟」（原爆裁判）が起きることの必然性を容易に理解することができると言えます。

4　被爆者による原爆裁判

核廃絶、核戦争阻止の問題は、被爆者が「より良く生きる」という切実な課題において、とても大きな問題であり理念です。そういう意味で、昨年（2017年）七月に核兵器禁止条約が国連で採択されたことは、被爆者にとって大きな喜びであり、生きていて良かったと思ったことでした。たとえこれからが更に大きな峰を踏破しなければならないとしても、です。

同時に、被爆者にとってのもう一つの「より良く生きる」ための大きな課題は、被爆者のまさに一人ひとりにおいての問題としてありました。それは日本の被爆者の独自の課題であり、過去の核兵器使用（原爆投下）とそれに導いた戦争行為を今も許さないとする問題です。我が国における国家補償の考えの確立こそは、核のない世界へ向かう日本の被爆者の独自の課題と言えました。

戦後の長い間、被爆者は放置され、救済の法律がまったくないという、いわゆる無法時代が続きました。そうしたなか一九五四年にビキニ被災が起き、東京の杉並のお母さんたちが、「放射線を浴びたマグロを我々の食卓に並ばせるわけにはいかない」と目覚めました。広島・長崎への原爆投下と結び付けて目覚めたわけです。そして、翌年の第一回原水爆禁止世界大会までに、一〇〇〇万を超える署名、三二〇〇万とも推計された署名が集まりました。このような短期間の署名の数は今では到底考えられないことです。ある意味、革命でもおきたようなものかもしれません。

被爆者の裁判闘争（原爆裁判）は原爆投下そのものを告発した下田訴訟以降は、原爆二法を活用しての裁判闘争、つまり「認定申請却下処分取消訴訟」として打ち出されてきます。このたた

ABCC、行政、司法、運動の動き

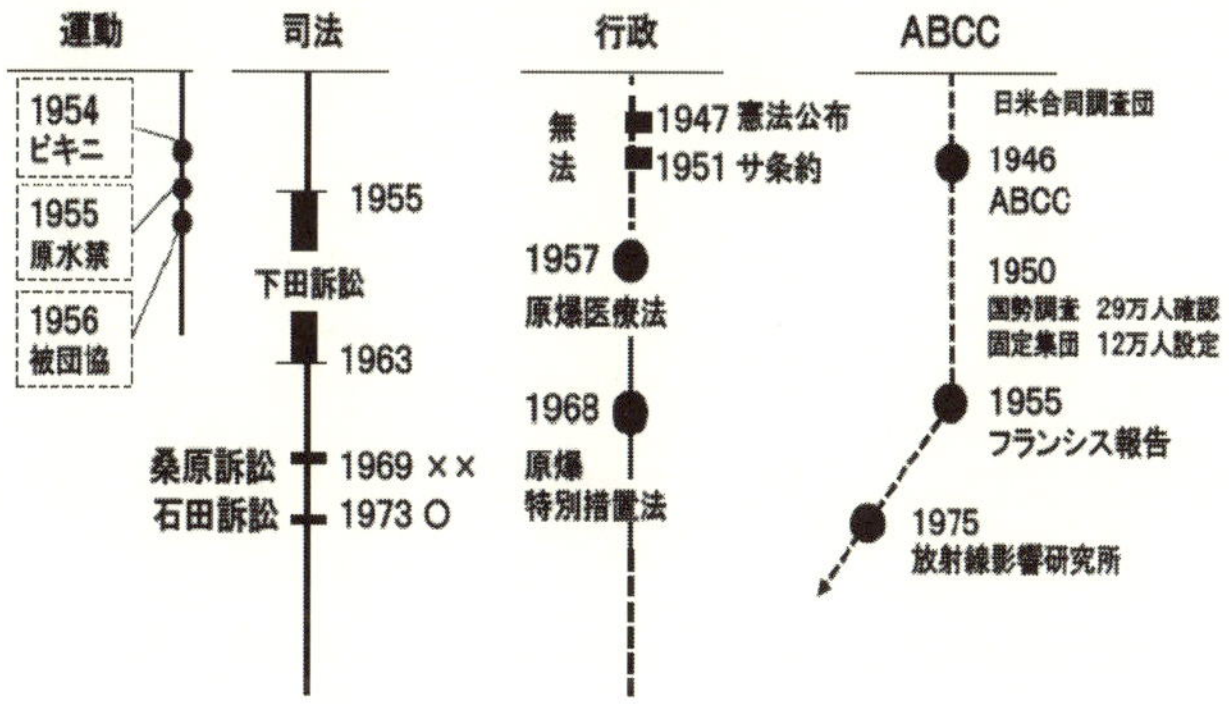

かいを導いたものは当然、被爆者の不健康の現実でしたが、同時に原爆二法の活用において、国が認定する医療特別手当への道が圧倒的に阻まれている現実があったためでした。上の図は一九七〇年代までのＡＢＣＣ、行政、司法、社会（運動）の動きをみたものです。すでにＡＢＣＣは被爆者の長期調査の体制を整え、行政は被爆者の健診制度と治療費用の給付で対応しつつある状況でした。

ここでもう一度、原爆症の認定要件を見てみます。

「厚生大臣は原子爆弾の障害作用に起因して負傷し、また疾病にかかり、現に医療を要する状態にある被爆者に対し、必要な医療を行う。ただし、当該負傷又は疾病が原子爆弾の放射能に起因するものでない時は、その者の治癒能力が原子爆弾の放射能の影響を受けているため、現に医療を要する状態にある場合に限る」

一般の人にはわかりづらい表現ですが、つまり疾病の放射能起因性と要医療性となります。ここで重要なことは、原爆症の認定は疾病が原爆のせいであることを国（厚生大臣）がみとめる唯一の制度であることです。被爆者健康手帳の交付、及びその他の各種手当の支給は都道府県知事の認定に任されていることと、違う点です。したがって縷々触れてきたことですが、国家補償の観点というときの具体的な問題は原爆症の認定にかかわるということでした。

桑原訴訟と石田訴訟

広島の被爆者、桑原忠男さんは、爆心地一・三キロの広島市鷹野橋付近で被ばくしました。倒壊した家屋の下敷きになりましたが、救出され、なんとか逃げることができました。桑原さんはその後、排便、排尿が困難となる膀胱直腸障害や下肢の障害が目立つようになり、都合六回の入退院を繰り返します。その後、脊髄円錐上部症候群として認定申請をしますが、却下されます。桑原さんは却下を不服として一九六九年、却下処分取消を求めて提訴します。裁判は七九年まで一〇年間続き、地裁、高裁でも敗訴しました。

その桑原さんの闘いをそばで見ていた石田明さんは、桑原さんの提訴から四年後の一九七三年に、自らも却下された原爆白内障の処分取消しをもとめ、広島地裁に提訴します。石田さん（当時17歳）は爆心地より七〇〇メートルの広島市八丁堀で被爆しました。彼の場合、七六年に広島地裁で勝訴し、国も控訴しませんでした。

この二つの訴訟の明暗には、その後教訓となるいろいろなことが含まれていました。なぜ桑原訴訟は敗訴したのでしょうか。その理由は簡単です。原爆症として認定されるためには、「この脊髄円錐上部症候群が放射線に起因するかどうか」が証明されなければなりません。原爆投下時桑原さんを貫いた初期放射線が、脊髄に何らかの炎症、あるいは腫瘍を形成し疾病形成に至ったというならば「放射線に起因性あり」となります。しかしＣＴもなくＭＲＩもない時代、精緻な生理学的検査もない時代、桑原さんの病態を放射線被ばくと関連付ける立証は困難でした。

他方、国から指摘された論点は、脊髄障害を引き起こす放射線量には一五グレイが必要だとして、桑原さんの一グレイぐらいでは傷害は生じないというものでした。桑原さんの障害は家屋の下敷きになったことに起因のあることは明白であり、その明白さ自体が桑原さんを救済から遠ざけたことになったのです。

桑原さんの健康状態を今日の医学のレベルをもって調べれば、放射線障害と無関係ではない様々な所見が得られることは高かったと思います。しかし当時もっとも苦しんでいる疾病で申請するのは自然であり、その一つの病名「脊髄円錐上部症候群」が逆に被爆者としての救済を妨げたのでした。法の持つ「からくり」がここにあったと言えます。弁護団は、桑原さんの病態に放射線の関与が否定できないということを論ずるしかありませんでした。

判決は「(起因性なしと) 断定的な結論を下すことが可能であろうかとの疑念」を抱きつつ、起因性を合理的に推論する「医学上の鑑定が現れない以上……被爆外の原因に基づく蓋然性が高い」としたのでした。主任弁護人はこの判決を「事実認定論あって法律論なし」と批判しました。すなわち、原爆二法が「国家補償的配慮」(最高裁孫振斗判決) を有するか否かの論議のないまま下された判決を、「法律論なし」として批判したということです。控訴審である広島高裁では、原爆の障害作用や治療法が十分に解明されていない事実を認め、かつ原爆二法に国家補償的配慮が制度の根底にあることを認めつつも、結論としては起因性を否定したのでした。

他方の石田訴訟は、提訴から三年 (1973—76年) で終了しました。広島地裁で勝訴し、国は控訴せず勝訴は確定したのでした。爆心地から〇・七キロの電車のなかで被爆した石田さんですから、仮に路上にいたとすれば存命の可能性は極めて低かったわけで、電車のなか、人の間にいたという条件が彼をこの地に残しました。しかし彼の目 (水晶体) は一〇グレイに及ぶ被ばくを受けることになったのです。人体の致死線量は約八グレイ、半致死線量は四グレイとされています（被爆者の約半分が三〇日から六〇日に死亡する線量）。石田さんは四〇歳の若さで両眼の強い白内障を発症しました。目に一〇グレイとみられる放射線を浴びたことにより、放射線白内障の典型的な眼球混濁を発症させたのでした。

わたしたちはだいたい直径一〇ミリぐらいの大きさの、両側に凸の水晶体を持っています。水晶体の前面にある水晶体上皮細胞が上下の赤道部から細胞分裂が生じ、やがて細胞核や、ミトコンドリア、ゴルジ体などの細胞小器官も失いつつ前後に移動していきます。それらは透明な水晶体繊維細胞に分化し、水晶体の透明性を長く維持することになります。この水晶体に前から放射線が当たると細胞分裂する赤道部の上皮細胞を傷つけることになり、傷ついた細胞は分裂の過程で透明になるのではなく、正常ではない「ごみ」（混濁）として水晶体後部（後極）にたまっていきます。この後極部の混濁が放射線白内障の病理学的な特徴となります。

石田さんは四〇歳で、後極部にそのような混濁を高度に形成し、視力障害が生じました。四〇歳という年齢は普通なら白内障が起きる年齢ではありません。致死線量に匹敵する線量を被ばくし、典型的な放射線白内障を呈した申請内容に関し、国はどのようにケチをつけたのでしょうか。

当時、石田さんは眼科を通院し、点眼治療を行っていました。当時も今もわかっていることですが、点眼治療は白内障を治すものではありません。ただ点眼をすることによって進行を食い止めるのではないかという薬効が考えられ、いまでも続けられている治療方法です。ここで国の横やりが入ります。国は、「点眼薬では、そもそも白内障は治せない」、「治そうと思ったらば眼球を摘出し、メガネをかけなさい」というものでした。石田さんが提訴した時期はまだ白内障治療で眼内レンズの挿入手術が定着する前でした。つまり国の態度は「眼球を摘出するなら認定しましょう」というものでした。今思うとひどい話です。少し堅苦しい表現で言えば、治療内容の自己決定権を認めなかったということです。それでも石田さんは主張します。「わたしは母親から貰ったこの眼球を失いたくない、点眼治療を求める」と。判決は石田さんの点眼治療を認めました。

この石田訴訟の勝利には「光と影」があります。「光」とは石田さんが白内障で争って勝利したことでした。一方、「影」をあえて言うと、石田さんの勝訴を通じて、「高線量の被ばく者の白内障しか認められない」と懸念されたことでした。つまり一〇グレイの放射線白内障は認められても、一グレイ前後の白内障は無理なのではないかと、懸念されたことでした。当時、放射線白内障は被ばく線量に「しきい値」をもつ典型的な疾病とみられており、そのしきい値は数グレイと見られていました。

桑原訴訟は敗北しました。この訴訟の意義はどこにあったのでしょうか。桑原訴訟は初めての原爆裁判でした。それまでは起因性判断がどのような基準で行われ、起因性ありとすれば、要医療性がどのような基準で行われているのか、まったく不明であったのです。逆にいえば、桑原訴訟においては、のちの原爆裁判で争点となる基本的問題のほぼすべてを経験したといえます。「事実認定論あって法律論なし」と嘆じた判決構造をどのように見て、どのように撃つのか。桑原訴訟の意義は、この課題を被爆者に突き付けたことにありました。

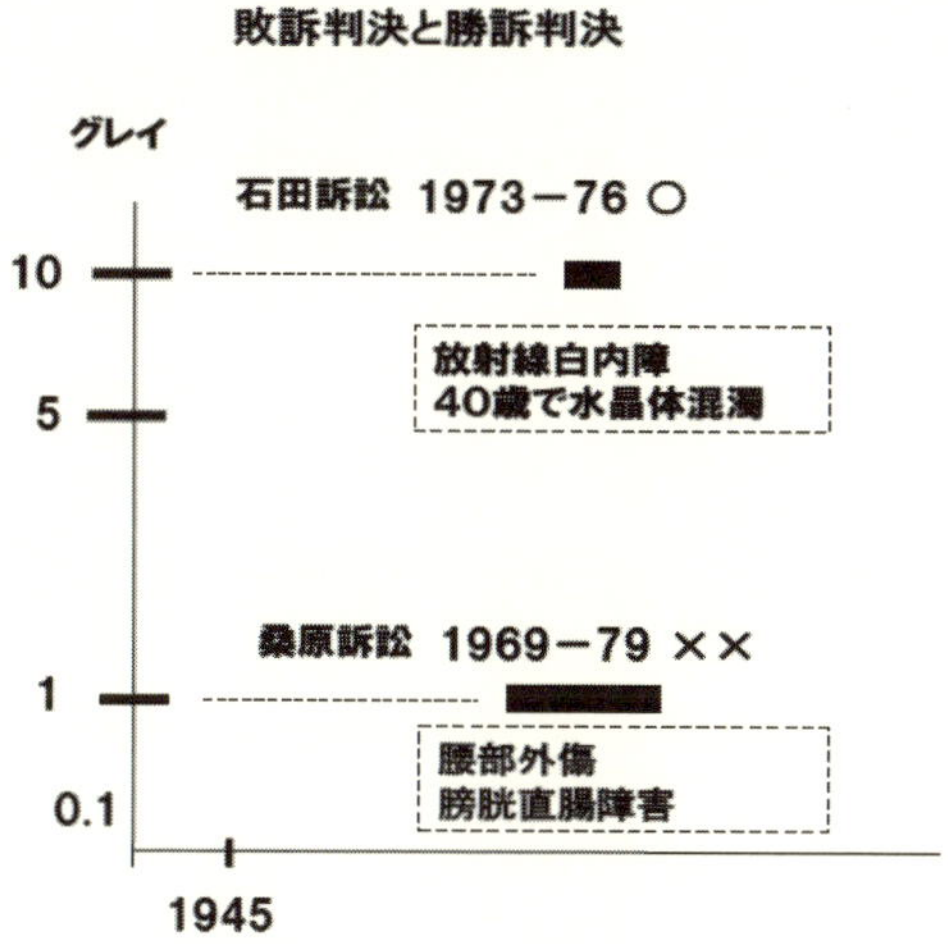

桑原訴訟と石田訴訟のあと約一〇年間、原爆裁判は起きませんでした。空白の一〇年と言っていいかもしれません。両裁判の線量の違いを上図に示しました。勝訴、敗訴に線量の違い（被ばく距離の違い）が決定的であったとの印象を強く与えるものとなっています。空白の一〇年に被爆者側、何よりも医療者側に認定申請を控える自主規制が生じたといっても間違いではなかったといえ

ます。この壁を突き崩したのが松谷訴訟と小西訴訟でした。

松谷訴訟

松谷英子さんは原爆投下当時三歳五か月、長崎爆心地から二・四五キロメートルの自宅（縁側）にいました。原爆炸裂時、爆風によって飛ばされた屋根瓦が、松谷さんの頭部にあたり頭部陥没、右半身不全麻痺の重症を負うことになりました。国の認定審査会は、被ばく距離（約０・02グレイ、ＤＳ86線量評価）からして、放射線起因性はなしとして認定申請を却下します。松谷さんは長崎地裁に処分取り消しをもとめ提訴します。裁判は松谷さん側の勝訴となり、国側の控訴（福岡高裁）、国側の上告（最高裁）と続き、都合一二年の長きに及びました。最終的には最高裁は松谷さんの勝訴を言い渡したのでした。わたしもこの裁判に関わった当初、「外傷だから勝てない」と思っていました。それは桑原訴訟が念頭にあったためでした。ところが展開は思わぬ方向に進んだのです。

論点は、松谷さんの被ばく線量からは、右半身不全麻痺が放射線によるものと考えられるのかの問題でした。最高裁の判断を追ってみます。

一つは松谷さんに見られていた脱毛でした。被告国（厚労省）は思わぬ勇み足をしたのです。

正確には本音の勇み足と言えました。国は、松谷さんの脱毛は栄養障害やストレスが原因であり、二・四五キロ離れた場所で被爆して脱毛を起こすことはない、と断じたのでした。国が主張する脱毛の「しきい値」は一貫して三グレイでしたので〇・〇二グレイでは論外とみたのです。しかし松谷さんと同じように、二・五キロとか二・六キロとかの地点で被爆し脱毛を起こした人たちが存在していたのです。その人たちは証人として法廷に立ち、自分たちの脱毛を立証したのでした。つまり栄養障害、ストレスでということではなく、重度の脱毛も含め、遠距離の被爆でも脱毛することが真実だったのです。

遠距離での脱毛については日米合同調査団の調査報告を発掘したことも決定的な援護射撃でした。長崎に入った合同調査団の報告によると、遠距離において、屋外での被爆者、木造家屋での被爆者、コンクリートの中での被爆者のそれぞれの中に脱毛者が存在していたこと、しかもそれぞれの条件での脱毛率を比較すると、屋外被爆者の脱毛比率が一番高く、次に木造家屋、そしてコンクリートの中での脱毛率がもっとも低いことが判明したのです。つまりこれらの脱毛と脱毛率の低減はストレスとか栄養障害ではなく、放射線被ばくと、その遮蔽の度合いによって生じたものであり、つまり松谷さんの脱毛は放射線被ばく起因であることが明確になったのでした。

判決は「(国の言うように) 脱毛の大半を栄養状態又は心因的なものつまり放射線以外の原因によ

るものと断ずることは、躊躇を覚えざるを得ない」として、国の主張を退けたのでした。

二つ目は、松谷さんの脳障害に関する問題でした。当時、医学の発展は画像診断として頭部CT検査を可能としていました。桑原訴訟の時点にはなかった検査手法の発展でした。松谷さんの脳は、外傷の部位から内部の脳へ向けて穴が通じるように欠損（脳孔症）していたのでした。脳の成長期における外傷に、脱毛を生じさせるほどの放射線被ばくがどのように加重されてくるのか、今日も不明と言わざるを得ません。判決は「物理的打撃のみでは説明しきれないほどの原告脳損傷の拡大の事実」も放射線起因性判断の一つとして重視したのでした。松谷訴訟判決は、原告の脳損傷は飛来した瓦の打撃によって生じたものであるが、放射線による治癒能力の低下のために重症化したと見られ、現に医療を要する状態にあると述べ、国の却下処分の取り消しを命じました。ここには桑原訴訟では展開できなかった外傷と放射線被ばくとの共同成因的な考え方を見て取ることが可能です。敗訴から勝訴への転換は医学的、自然科学的理解から司法的理解へ移ることでもありました。

従って松谷訴訟は、司法判断における真理とは何か、そこへ到達する方法とは何かに関し重要な論点を示すことになりました。因果関係における原因（被ばく）と結果（障害）のつながりの度合、つまり蓋然性の問題です。ふつうに言えば、焦点になっているのは医学的問題なので当然、医学的手法で判断されるべきものといえます。しかしそのためには、松谷さんのような事例が多数経験されていなければなりませんが、そのような事例の経験はありません。国はどうしたか。国が脱毛の「しきい値」を三グレイと主張するのは、別なところでの経験（原発事故被災、動物実験）に依拠するもので、そのような放射線被曝（三グレイ）と障害（脱毛）との医学的因果関係性が普遍的と考えていたからです。そしてその理屈のみが、松谷さんの障害性（脱毛、脳孔症、右半身不全麻痺）を否定する、一点突破的な戦略だったのです。

しかし脱毛に係わる現実の立証経過はそれと異なる結果を示していたのです。判決は松谷さんの初期放射線量で脱毛が生じるか否かの医学的、自然科学的判断に拘泥せず、脱毛しきい値三グレイ論に因果関係の蓋然性を認めなかったのです。最高裁は因果関係の立証には「高度の蓋然性」が必要との見解を維持しつつ、ある一定の被ばく線量をしきい値と定め、それ以下では障害は起きないとする考えをとらなかったのでした。それはある意味当然なことであり、原爆被爆者における被ばくと障害の関係性（起因性）は初期放射線のみでなく残留放射線の関与もあり、三歳という年齢もふくめ様々な因子との関連のなかで実際の障害が誘導されるとも言えるからです。国が提示する論点を退け、初期放射線にのみで起因性判断をしないとする最高裁の判決は極めて重要で、その後の原爆裁判において一つの底流を形成したとも言えました。

しかし国は松谷訴訟判決後においても、脱毛しきい値三グレイ論を主張することを止めなかったのでした。被爆者の被害の実相から離れたとしても、被爆者の認定を拒否する姿勢を維持しつづけることになります。

さてもう一つの突破はどのようにしてなされたのか。

小西訴訟

広島の被爆者の小西建夫さん（当時19歳）は爆心地から一・八キロメートルで被ばくしました。小西さんはその後、極度の倦怠感に悩まされることになり、同時に白血球減少症の診断を受けることになります。彼の被ばく線量は初期放射線で〇・一五グレイとみられました。認定審査会の判断は放射性起因性なしで却下でした。彼は自分一人で京都地裁に処分の取消しを求めて提訴します。一九八八年であり、松谷訴訟の提訴の一年前のことでした。桑原、石田訴訟に続く第三例目の取消し訴訟でした。この時期の裁判事例はいずれも、のちの裁判を準備する貴重な教訓を与えてくれるものとなっていましたが、小西訴訟も然りでした。

小西訴訟は、わたしが原爆裁判に本格的にかかわる事例となりました。小西さんは体がしんどいので京都のいくつかの大きな公的病院に一〇年余り通っていて、そのカルテが全部揃っていました。そのカルテを全部集めていただきました。積みあげたら大変な高さでした。一〇年間に記録されていた白血球数をすべて経年的に取り出し、彼の白血球減少の推移を克明に追うことができたのです。白血球（数）とは好中球やリンパ球、単球といった血液細胞の混合群ですが、その中でも好中球は白血球数の約六〇％から七〇％を占め、抗菌作用の中心部隊であり、白血球減少とは一般に好中球低下を意味しています。小西さんの場合も、提訴の時期においては好中球の実数が一〇〇〇／μlをきるまで低下していました。通常、二〇〇〇をきることはありませんので、明らかに強い白血球減少症（好中球減少症）と言えたのでした。

ところで国との論点は次にありました。小西さんはC型肝炎を患っていたことも判明しましたので、国はC型肝炎により白血球数が低下しているのだと主張をしてきました。慢性肝炎で白血球減少や血小板低下が見られるのは医学的に常識なのでそのような主張になったのです。また国の主張には、被爆者における白血球減少は被爆直後にみられるもので、一〇年以上もたってから見られることはないと述べてきたのでした。論点はこの二つでした。

しかし小西さんの医学的知見自体が、まず前者の見解を打ち砕きます。慢性肝炎に見られる白血球減少は、主要には白血球が破壊されやすくなることに特徴があり、造血の場である骨髄では本来、造血が盛んに起きていなければなりません。しかし時期と病院を変えて三度も行われた骨髄検査では、いずれも小西さんの骨髄は造血が低下していることが示されていました。この中には京都府立医大での検査も含まれていました。肝臓ではなく骨髄の異常にこそ白血球減少の主因があったと見ざるを得ませんでした。

二つ目の論点、被爆者に被ばくから一〇年以上もたって白血球減少は見られるのかという問題はどうか。これも国の主張とは異なる状況があり、長崎大学と広島大学から被爆者白血球減少の報告が続いていたのでした（「長崎医学会雑誌」1986年、「広島医学」1988年、「広島医学」1998年）。さらに広島大学原爆放射能医学研究所から一つの報告が示されました。被爆者検診を担当していた臨床医であり、血液細胞の免疫学的特徴を研究していた研究者でもあった医師から示されたもので、被爆者では一般人と比較し、白血球減少を示す者が有意に多く、かつ白血球中のリンパ球には通常にはない変異があるというものでした（長崎医学会雑誌1988年）。報告はランセットという国際的に著名な学術誌にも掲載されました。国は被ばく線量〇・一五グレイ程度では白血球減少は生じないと主張していたのですが、いずれの主張も崩れたのでした。

京都地裁は小西さんの主張をみとめました。国は大阪高裁に控訴しますが、二〇〇〇年一一月、大阪高裁は控訴を退けます。小西判決の四か月前（2000年7月）、すでに最高裁で松谷訴訟の勝訴が確定しており、そのような背景もあり、国も上告を断念せざるを得ませんでした。

わたしは小西訴訟を通じて、原爆裁判における医師の努力とは徹底して被爆者原告の病態を知ることにあると理解したのでした。小西訴訟ではこれまで明確にされなかった被爆者における白血球減少症の実態を、放射線影響研究所の疫学調査とは別な手法（個別事例の詳細検証）で明確にしたのでした。

小西訴訟はさらにもう一つ重要な貢献をしました。それはそれまで知らされていなかった認定審査会の実態を法廷の場で明らかにしたことでした。審査委員のひとりであった学者が証言のなかで述べたことは、審査委員は申請者の被爆に関する状況証拠などに目を通すことはなく、申請者の主治医から意見を聴取することもせず、申請の要点を記載した書面によって一件あたり数分間の検討で結論をだしており、審議記録は係官のメモ程度がつくられるのみで、委員の確認をとるような議事録は作成されないということだったのです。国家補償をめぐる審査がこのような杜撰さの中にあったことも驚きですが、逆に言えば被爆者に対する国家補償の拒否は、このような杜撰さによって担保されていたとも言えるのでした。

広島、長崎、京都と認定をめぐる論争が継承されるなかで、東京でも原爆裁判が争われていました。

東訴訟

東数一さん（当時16歳）は長崎三菱兵器制作所へ学徒動員で駆り出され、その作業中に被爆しました。爆心地から一・三キロの地点でした（DS86、約一・三グレイ）。一九九四年二月一八日、肝機能障害で認定申請し、一年九か月後の九五年一一月九日に却下、九六年一月二二日に異議申立、その一年五か月後の九七年六月に口頭審査、更に九か月後の九九年三月九日に却下されます。本人通知は四月一四日で、理由は「肝機能障害の原因はC型肝炎ウイルスであり、被ばく線量はC型肝炎ウイルスに対する免疫力の低下や感染の成立に影響を及ぼすほどのものとは考えられない」というもののでした。

東さんは一九九九年六月二九日、却下処分の取り消しをもとめ東京地裁へ提訴します。申請から最終的な却下となるまでの期間が如何に長いかを見て頂きたい。実に五年を要しています。C型肝炎ウイルスの検査は一九九一年段階で一般病院でもチェックできる時代となっており、当然、そのことでの却下であるならば、五年も時間を割く必要もないはずです。言うなれば本人が裁判で訴えを開始するまで五年の期間を費やさせたと言わざるを得ません。

公判での争点については後述しますが、裁判の経過は東京地裁で東さんの勝訴（2004年）があり、国の控訴をうけて東京高裁では控訴棄却（2005年3月29日）とつづき、そこで東さん勝訴が確定したのでした。しかし勝訴が確定する二か月前の一月二九日、東さんは他界しました。申請から一一年後、判決を待たずしての無念の結末となったのです。

先に述べたように、一九七〇年代において、被爆者健康手帳取得から一年未満の被爆者の死亡率は、非被爆者と比較すると有意に高いものでした。被爆者のためにの原爆二法の活用はどうあるべきかが問われていたのです。東さんのような事態は必ずしも例外ではなく、認定後、時をおかず他界することは必ずしも稀ではありません。年齢が高いからと言ってしまえばそれまでですが、認定を拒絶する国の姿勢が目立つのでした。

東訴訟の大きな収穫の一つは、本人のＡＢＣＣでの調査記録を開示させたことでした。記録を見ると東さんの調査は一九四五年一〇月八日から開始されており、約一〇年間にわたり数度の調査がなされていました。資料は英文の場合、邦文の場合の双方が含まれており、英文部分は邦訳し、小生の意見書に添付し裁判所に提出したのです。

「マスターファイル」とされた部分には、急性症状の有無がチェックされ、発病時期の日付、症状の重症度が書いてあります。熱「Fever」とか、倦怠感「Malaise」とか、当時の東さんの健康状態が調べられたものです。脱毛は頭部四分の一におよび、約二か月間持続したと記されています。血性下痢（血便）も見られています。脱毛も血性下痢も早期に認められるほど重度（高線量被ばく）であることを意味していますが、東さんの場合では脱毛は八月九日から始まったとされています。いずれにしてもかなり早い時期の発症であることが示唆されるのです。吐き気も中程度と確認されています。実に克明に調べられていくわけです。

なお東さんは工場内での被ばくで、飛散ガラス片による外傷がすさまじかったのです。記録では首筋、背中、両上腕、左耳に傷をおい、その数は二〇か所とされ、爆風による頭痛も記されています。血液検査もされており、一九四五年九月二〇日の白血球数は二一〇〇／μlであり、小西さんの例でふれましたが、そのなかの好中球実数では当然二〇〇〇以下となります。今日の「急性放射線症候群」の理解で言えば、被ばく線量は二グレイを超えるレベルと見られます。東さんは一・三キロで被爆したのですが、長崎における統計では同距離の死亡率は五一・五％とされています（長崎大学附属原爆後障害医学研究所『長崎原爆の医学的影響』1999年第2版）。実に二人に一人の死亡率です。ＡＢＣＣの調査資料で、東さんのあの当時の危機的状況、その凄まじさというものを、初めてじかに知ることができたのです。わたしが証人として証言台にたち、証言をほぼ終えるころ、裁判官から何か述べることがあるかと尋ねられました。わたしは、この資料を見て非常に驚いた、おそらく東さん自身も命の危険の度合いを理解することはできなかったはずだ、医師としてのわたしにして初めて、東さんがどのような状況に置かれていたのかを理解できた、とその衝撃の強さを述べました。裁判官にとっても衝撃的だったのではないでしょうか。

さてそのような資料に基づき、東さんがどのような状況におかれたのかから始め、東さんの認定疾病の放射能起因性について意見書を提出したのでした。提訴開始（1999年6月）から二年後の二〇〇一年一一月のことでした。これ以後、国側証人の学者との激しい議論が行われることとなりました。

国側証人の見解は極めて単純であり、かつ陳腐なものでした。突き詰めれば第一に、被爆から四〇年続く肝障害はしきい値一〇グレイなければならず、その線量に達していないから放射線被ばくによるものではないということです。第二に東さんの慢性肝障害はC型肝炎であり、起因はC型肝炎ウイルスであり、放射線は関与していない、ということでした。いずれも放射線被ばくの影響を排除する論旨でした。しかしそもそも東さんの疾病がC型慢性肝炎であり、C型肝炎ウイルスの感染が前提であり、そのうえで被ばくの関与が争われたものだったので、国側証人の見解は何も語ったものではなかったのでした。国側証人の見解を聞いてまずおどろいたのは、一〇グレイという致死線量（八グレイ）をはるかにこえる線量を持ち出す点でした。証人の証言から得心したのは、彼が人の致死線量自体を知らなかったことでした。

東さん提訴の時期には被爆者慢性肝障害に関する重要な結論が得られていました。放射線影

個別原爆訴訟の五例

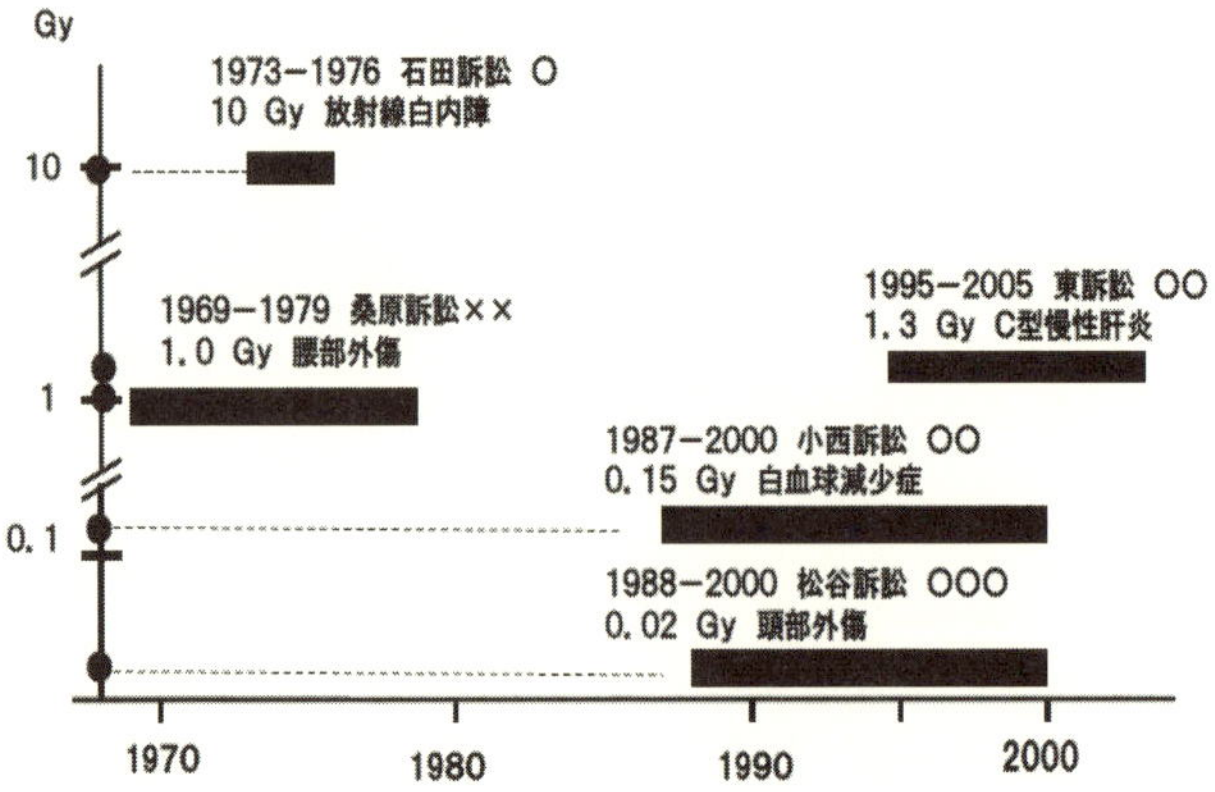

響研究所（ＲＥＲＦ）の成人健康調査（ＡＨＳ）では一万九九六一名を一九五八年から一九八六年までのフォローし、慢性肝疾患（発症）と被ばく線量の関係はｐ＝〇・〇〇六五という有意の疫学的高さでその相関性を示していたのでした（ワン論文、１９９３年）。当然、この調査期間においてはＢ型肝炎の同定は可能であっても、Ｃ型肝炎ウイルス感染の有無のチェックはできませんでした（Ｃ型肝炎ウイルス抗体の同定は１９８８年）。しかし、後年の検討からウイルス性肝炎の多くはＣ型肝炎であることも知られており、上記の論文の価値は極めて大きいものがありました。

さらに放射線影響研究所からＣ型慢性肝炎の発症促進に放射線被ばくの影響を示唆する論文も提出され、かつこの著者は原告東さん側の証人として証言台にも立ったのでした。この論文は放射線生物学のもっとも権威のある国際的学術誌「ラジエーション・リサーチ」（2000年）に掲載されたものですが、国側学者証人は証言のなかで、この論文を上記雑誌が受理し掲載したこと自体を非難するという始末だったのです。

つまり国側学者の否定にも関わらず、被爆者の疫学調査からは、C型肝炎の発症に原爆放射線の関与を否定することは困難だったと言えました。国側証人との論争にかわされたわたしの意見書は計四編に及びました。

東京地裁、高裁は結局、国側証人の見解ではなくわたしの見解を採用し、東さん勝訴を確定させたのでした。

原因確率

これまで述べてきたように個別訴訟での勝利が続く一方で、実際の認定率は一層低下してゆくことになります。

松谷訴訟や小西訴訟の極めて低い線量での却下処分取り消しが続くなかで、政府は「原因確率」という新しい認定の基準を定めてきました。これは放影研の寿命調査や成人健康調査をもとに示されたもので、一定の「被ばく線量」の場合、その疾病を有する被爆者数の「何％」に放射線被ばくが関与しているかを示すもので、原因確率が一〇%未満では起因性なしとする却下の基準を定めたものでした。具体的には二〇〇一年、「疾病・障害認定審査会の原子爆弾被爆者医療分科会」で決められた「原爆症認定の審査の方針」というものでした（のちに旧「審査の方針」と呼称）。がんなどの確率的影響にもとづいて発症する疾病については原因確率一〇%未満は却下とし、発症にしきい値があると考えられる確定的影響の疾病については（具体的にはこの段階では白内障のみ）、それぞれのしきい値未満は却下としたのです（白内障は一・七五シーベルト未満は却下）。国はこれらの審査の方針を機械的には運用しないと述べているのですが、いずれも機械的運用以外の運用はなかったのです。疾病に加えて性別、年齢が示されれば「原因確率」が示され、自動的に却下の扱いが決まるもので、いわば却下の自動化の決定版とも言うべきものでした。

一定の線量以下では疾病形成が起きないとした「しきい値」の考えについては、松谷訴訟の経過の中で退けることができました。しかしこの原因確率の手法は、疫学の手法を用いた実質的なしきい値の導入と言えました。非がん疾患においてはそもそも放射線の影響がないと考えられていましたので、悪性腫瘍（がん）も含めて、認定の幅は極めて狭く設定されることになったのでした。放射線白内障についてもまだ数グレイにしきい値をもつ確定的疾患と考えられていた時代であり、仮に一・七五シーベルト以上の被ばく線量であっても、老人性白内障としてほぼ全

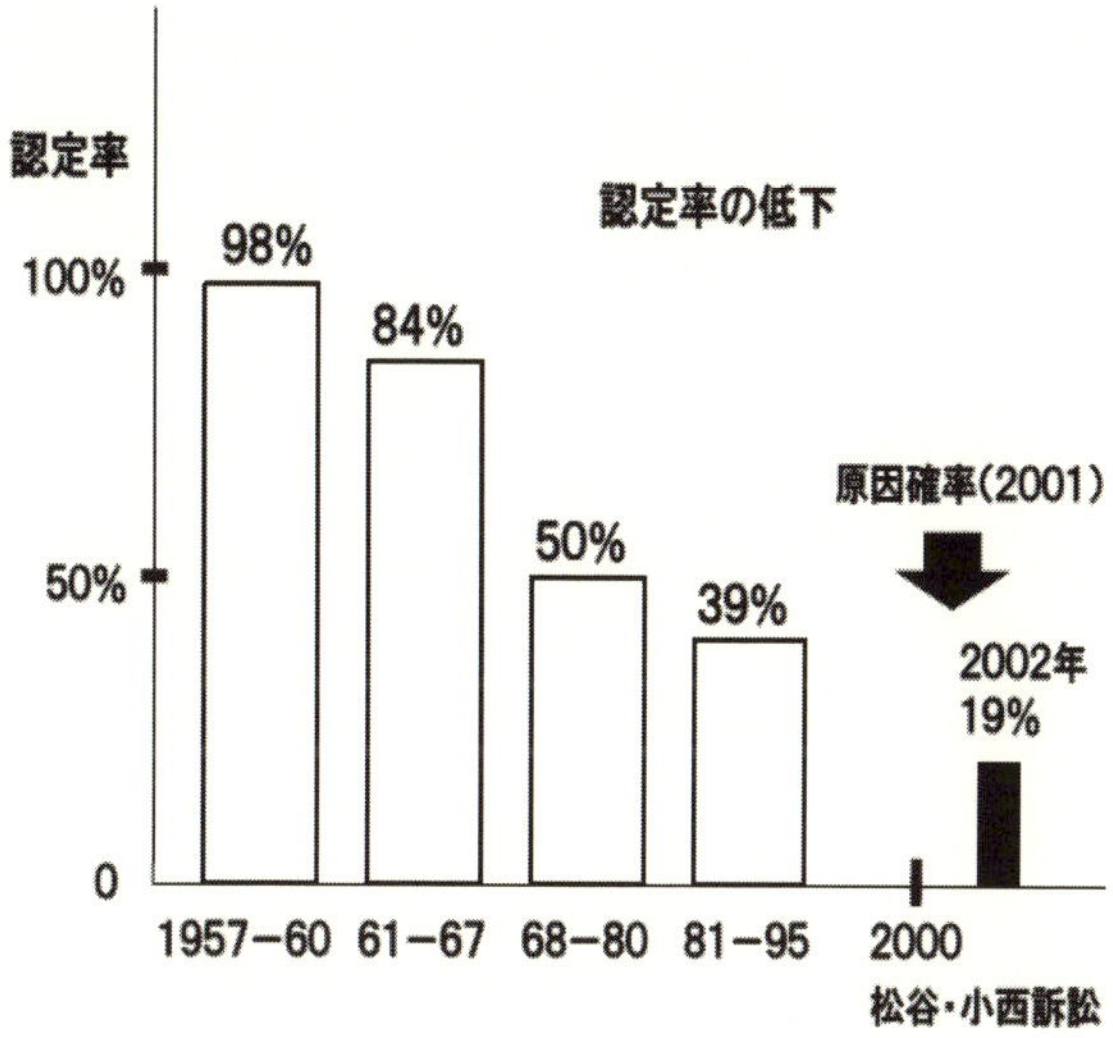

例却下されていたと言えます。

個別の事例をみれば、被爆後の疾病発症にいたる過程には、原爆被ばくと途切れない関係性がみてとれるのですが、このような疫学手法ではその関係性を救い出すことは困難となります。ひるがえっていえば、原爆特別措置法以来つづけられてきた個別原爆裁判の意義は、被爆者一人ひとりの原爆被ばくと疾病の関係性を救い出す作業でもあったと言えます。原因確率の手法の導入により、放射線被ばくと疾病における起因性判断は医学から離れて政策的、恣意的な判断に移行したと言えます。

「原因確率」の手法の導入で二〇〇二年度の認定率は一九％まで低下しました。松谷訴訟、小西訴訟等の原爆裁判を通じて、被爆者の救済方法の在り方や制度の改善に一つのヒントが見えたとも言えたのですが、逆に国においてはさらに強い反対の対応を導かせたとも言えます。国の不退転の決意を斟酌すれば、一九九四年、原爆二法を被爆者援護法に一本化したその「援護」とは、あくまで「社会保障的制度」の被爆者援護法であって、「国家補償的配慮」の被爆者援護法でないことをあらためて示したと言えます。

もはや個別被爆者による個別原爆裁判の時期は過ぎたといえました。東訴訟は二〇〇五年、東京高裁で片が付きましたが、すでに原爆集団訴訟は開始されていたのでした。

第六章　原爆集団訴訟

1　論議

原因確率というのは結局、疫学的手法の装いをこらして、実際は切り捨てる線量を定めているものです。そのことは被爆者の間にあからさまな分断を持ち込むことでした。被爆者にとっては耐え難いことでした。しかし国は数字（線量、原因確率の％）でしか被爆者を見ていません。被爆者がどういう辛酸を舐めて、どういう闘病生活を送ってきて、そして今どういう苦悩があるのか。そのまるごとが被爆者の実相でしたが、国の関心は別なところにあったのでした。

被爆者が自らの被爆体験を語ること自体、おおきな苦痛をともなうものです。原爆特別措置法が制定されてから三〇年間だけを見ても、裁判という方法で立ち上がった被爆者は数えるほど

原爆裁判の歴史 1969 ~ 2009

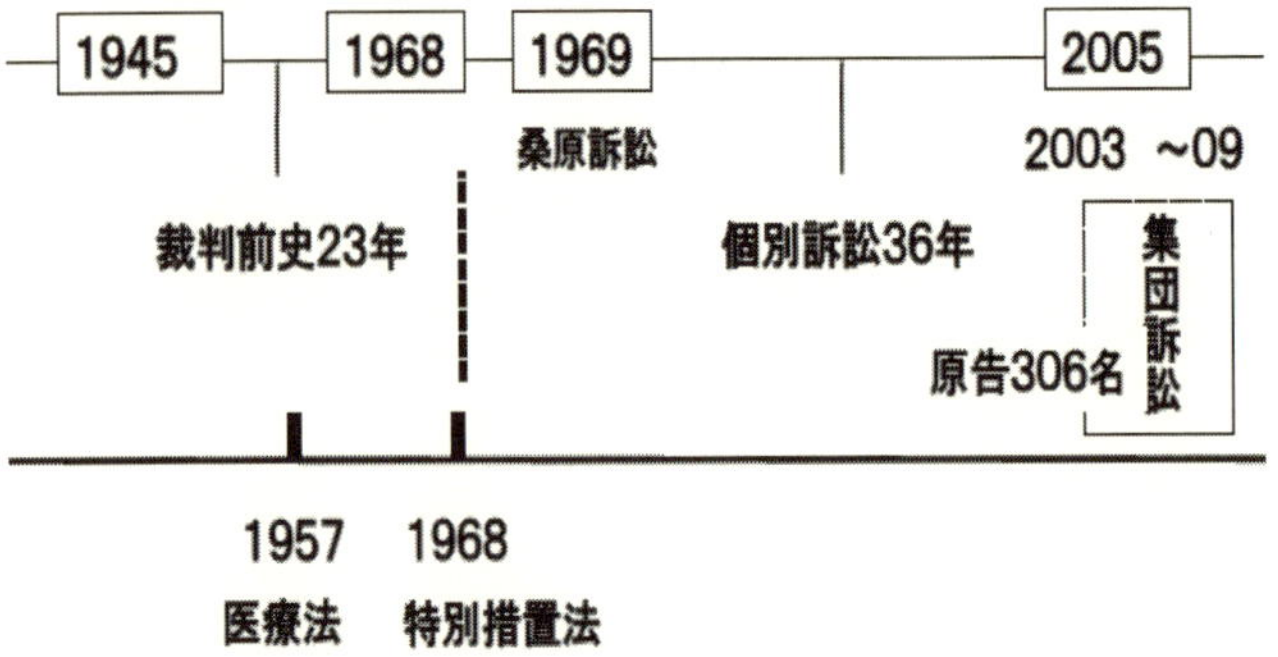

しかいません。被爆者が一人で法廷に立つことがいかに辛く大変なことかということです。

しかし多くの被爆者が支え合いながらなら可能ではないか。また多くの被爆者が原告として体験を語ることで原爆被害の全体像が見えてくるのではないか。それは日米合同調査団が一万頁の大著をもって原爆投下の威力として示した事実（『原子爆弾の医学的影響』（オーターソン、１９５１年）を、今度は被爆者自身が自らの体験を重ねることで、それは許されない事実であると示すことができるのではないか。そういう問いを重ねながら、集団訴訟へ向けての思索が続きました。

集団訴訟にするということは、国に対して「同じ論理で、全国で闘う」ということでした。どのような「同じ論理」なのか、どのようにして「同じ論理」を構築できるか、体制をどのようにし、専門家の支援をどのように得るのか。これも難しい問題でした。

さまざまな議論がありました。被爆者は、数十年間辛酸を舐めてきた、そのこと自体を法的に救済すべきだ。国際法違反の原爆によって、こうして辛酸を舐めてきた、それだけで十分ではないか、そこにこそ集中すべきではないか。被爆者の現実をふまえるとしても、どこまで医学的問題にたちいるのか。疾病に関し微に入り細を穿つことは、どこまでが国家補償の大所高所を支えることになり、どこからは大所高所から離れることなのか。上るべき土俵はどっちなのか、等々。

個別原爆裁判の経緯と教訓に立ちながらも、全国から集った被爆者、法律の専門家（弁護士、研究者）、医師、支援者も含めた議論は尽きませんでした。

そのような議論のなかで、集団訴訟の目的として整っていったことは、第一に、なによりも原因確率に基礎を置く認定行政を転換させ、高齢化した被爆者の実態に見合う新たな認定基準を定めさせることとでした。第二に（第一のためにも）、初期放射線の線量のみではわからない原爆被害の実相、原爆被害の全体像を示し、原爆が人間と社会になにをもたらしたのかを明らかにすることでした。そのような課題の明確化を押し出した被爆者の胸の内には、少なくとも原爆により自分たちの代わりになって亡くなっていった家族、同胞に報いたいとする強い思いがあったと言わざるを得ません。

二〇〇三年に開始された原爆症認定集団提訴に加わったのは、二三都道府県から三〇六名、提訴された地裁は札幌、仙台、千葉、静岡、さいたま、東京、横浜、名古屋、大阪、広島、岡山、松山、高松、高知、長崎、熊本、鹿児島の一七地裁に及びました。まさに全国で、戦後の長いあいだ原爆の一文字も口に出さず生活していた被爆者が声をあげたとも言えました。

二〇〇三年四月一七日、全国に先駆けて長崎、名古屋、札幌で提訴がなされ、集団訴訟の第一歩がスタートします。しかし、原爆個別訴訟から原爆集団訴訟への転換を象徴するかのように、最初の提訴の二日前、四月一五日、小西訴訟の原告の小西さんが亡くなりました。大阪高裁で原爆症の認定が確定（２０００年11月）してからわずか二年半の余命でした。公判中に見つかったがんをかかえた小西さんでした。個別原爆訴訟の松谷さん、小西さん、東さんたちを見て思うのは、被爆者にとって訴訟という原爆告発の手法は、自らをさらに酷使しつづける手法でもあり、たえず来し方を、苦痛をもって反芻する手法でもあったということです。

集団訴訟を開始した二〇〇三年のその時、ほとんどの原告被爆者の気持ちに立てば、訴訟とは人生の晩年において高い山へ登攀することとも言えました。老いと疾病と、そしてなにを今さらという家族、親戚のまなざしを抱えての訴訟でもありました。その心身にかかる負担は想像を超えるものと言わざるを得ませんでした。原爆集団訴訟が被爆者にとって乗り越えるべき必然の道であったとしても、被爆者にとって決して容易なものではなかったのです。訴訟に立ち上がった被爆者原告の約二割が終結をまたず他界せざるを得なかったのでした。

2　医学論争

二〇〇五年から集団訴訟が広島でも始まりました。広島の原告は四一名です。ほかの地裁と比べ最大でした。お一人の方は「要医療性」の問題、残りの四〇名は全例疾病の放射線起因性を争うものでした。

先にふれたように、全国でたたかわれる原爆集団訴訟のテーマの一つに、原爆被害の実相を明らかにし、広く国民に提示する課題がありました。国が高線量被ばくがつくる過剰リスクの％（原因確率）にのみ関心があるものとすれば、被爆者原告においては、どのような傷害、たとえば急性症状がいかに被爆者を苦しめ、晩発性障害はどのような経過のもとで生じ、被爆者においてそれがどのように特徴的なのか、それらの総体をしっかりと示すことが求められたとも言えるのです。

わたしは、原爆とはどういうものかという原爆被害総論ともいうべき意見書と、入市被爆はどのような被害をもつのかを概括した意見書と、その二つを提出しました。二〇〇五年六月のことでした。

本来は国も、被爆者も含め国民の負託を受けた存在であり、二一万人の死者を出した原爆被害に向きあう義務があるわけですが、集団訴訟全体を通じて、少なくとも原爆被害の実態を国みずから積極的に論述したことはなかったのでした。むしろその実態を否認する、あるいは歪曲することに終始したと言えます。わたしが原爆被害に関する意見書を提出したことは、それから約五年間にわたる国、及び国側学者との医学論争が開始されることを意味していました。

国は翌二〇〇六年の四月、わたしの最初の意見書に対して反論をしてきました。すでに定まった原爆被害の諸症状に対する総論的紹介に対して反論するとはいったいどのようなものかと思っていましたが、それは驚くべきものでした。すでに被爆者の急性症状として知られている症状の記述、たとえば悪心、嘔吐、下痢、発熱、倦怠等に関して言えば、国は「広島の八月の平均温度二七・〇度、長崎の平均気温二六・五度」からすれば、熱中症をひきおこした可能性を否定できないというものでした。発熱にしても「昭和二〇年当時は、赤痢、腸チフス、パラチフスといった腸管感染症が蔓延しており」、それらの疾患を検討するほうが妥当ではないかというものでした。

当時、そのような感染症は国家統制上の重大問題であり、すでに陸軍病院医師団が徹底的に調査し、「赤痢菌、チフス菌陰性」と報告されていたものでした。国の批判がきわめて低レベルのものであることが明らかになったのでした。脱毛についてもストレス説に拘泥し、かつ脱毛の調査自体についても自己申告によるものであり信頼できないとするなど、かつての調査団の調査記録自体を否定することに終始するものでした。

これら被爆者の急性症状に関する難癖は厚労省事務方の記述としてあきらめるとしても、今度は大学の現役教授（小出氏）から、放射線白内障に対する批判的見解が提示されたのでした。国の認定審査会の委員でもある彼は、原告の被爆者の線量では放射線白内障には全然ならない、という意見書を出してきます。

これは重要な医学論争と言えました。今日の原爆被爆者に「遅発性原爆白内障」が生じるかどうかをめぐるものだったからです。つまり、石田原爆訴訟の石田さんのように、被爆後に原爆（放射線）白内障の出現することは知られていましたが、その当時の定説は被ばく後の一定期間に限定して発症し（10～15年）、そのしきい値は数グレイであり、形成された水晶体後極の混濁は進行を停止させるとするものでした。しかし、被爆から半世紀後の二〇〇〇年に行われた調査では、被爆当時、特に若年者においては線量依存性に、遅発性に、水晶体後極の混濁（放射線白内障）が発症することが明らかにされたのでした。この調査は広島大学眼科教室、長崎大学眼科教室、放射線影響研究所の共同研究であり、決して個人研究者の思い付きの調査ではなかったのです。長い原爆白内障研究史の一線に乗った、十分に予想されていた仮説を立証したものでした。

この報告は、邦文では「広島医学」（２００４年）、英文では「国際放射線生物学誌」（２００４年）にいち早く掲載されたのでした。そして被ばくにより発症する後嚢下混濁にはしきい値がみられないとも報告したのでした。しかし国側の立場にたつ現役眼科教授（小出氏）は、この論文を知らなかったのかもしれませんし、無視したのかもしれません。彼は一九六〇年代被爆者にほぼ限定された事例をもって、放射線白内障のしきい値を一・七五シーベルトと強調し、原告白内障の認定の不当性を主張したのでした。

これらの医学論争には、さらに「専門家」が登場するようになります。

大阪高裁では、皮膚科の教授（荒瀬氏）、及び放射線医学総合研究所（千葉）の研究者（明石氏）が「原告線量では脱毛は放射線のせいではない」との見解を述べるのでした。いずれも松谷訴訟以来の脱毛しきい値線量三グレイ論に立脚したものでした。

そもそも三グレイ論が示されるのは、原発などの事故を基にして概念化された「急性放射線症」の知見であり、原爆被爆者の実際の脱毛調査に基づくものではなかったのです。被爆者における線量と脱毛発生率の知見は、放射線影響研究所のストラム・水野らによるもので、ＤＳ86の線量評価を個人の被ばく線量の物差しとしてもちいて線量相関関係を見たものです。これは国際的学術誌、一九八九年の「ラジエーション・リサーチ」誌に受理掲載されたものでした。また邦文の、原爆被害に関する成書とも言うべき『原爆放射線人体影響１９９２』（放射線被曝者医療国際協力推進協議会）にも転載され、記述されているものです。

この成書には次のように記述されています。

「脱毛……の発生率は、総線量五〇ラドにおける五～一〇％から約三〇〇ラド（三グレイのこと―引用者）における五〇～八〇％までほとんど直線的に増加し、それ以上の線量においてはしだいに横ばいになっていた」

つまり、脱毛は三グレイ被ばくしなければ生じないという三グレイしきい値論は、被爆者の実態をみれば対応していないのです。三グレイ未満においてほとんどの脱毛が生じていることを示しています。荒瀬氏も明石氏も、このような原爆被害に関する基本的成書すら見ていなかったと言えます。

さらには死亡者の病理を専門的に扱う法医学の教授（北村氏）からの批判です。それは一九五三年刊行『原子爆弾災害調査報告集』のなかの論文、家森武夫《やもりたけお》「原子爆弾症（長崎）の病理学的研究報告」を取り上げたわたしの意見書に対してでした。この報告は極めて重要で、長崎原爆死亡例一三例、被爆地点五〇〇mから三〇〇〇m、被爆直後ではなく、九月一四日（第三七日）から九月一九日（第四二日）の間に死亡した亜急性死亡例を取り上げたものでした。なぜ重要かは、さきに述べたように、この第三七日から第四二日死亡事例は、体内から放射線障害が発現してくる時期に相当していたからです。多数の実質臓器に障害が認められ、骨髄は荒廃し血液細胞は失われ、リンパ臓器である脾臓も萎縮荒廃し、肝臓、心臓の重量は減じ、消化管、呼吸器の出血は著明であり、内分泌・生殖器も変性萎縮し、まさに多臓器にわたる障害が認められた剖検所見だったのです。緻密精細を極めた重厚な報告でした。

しかし北村氏は「実質臓器の変性及び萎縮等が放射線により発症することがあるが、放射線療法に用いるような高い線量（数十グレイレベルの線量であり、全身被曝であれば致死的である）によるものであることから、（その線量にみたない——引用者）このような所見は放射線障害によるものとは、考えられない」と批判したのでした。さらに補強して「本報告書（家森報告）にある……病理所見は、一次性の病態のみではなく、長時間の療養による合併症、栄養状態の低下、治療の影響等の複合的要因により出現したと考えられ特定の病態の存在を示す証拠になるとは考えられない」としたのです。

わたしは思いました。わたしが野外におったならば、しばし呆然と空を仰ぎつづけたであろうと。現代社会の通常の死にのみにとどまり、原爆被害の死を知ろうとせず、そこに到達しようともしない視点の狭隘さに驚いたのです。一三の遺体はすべて原爆をうけ、被爆後まもなく九州帝国大学の医療下におかれ、為すすべもなく死亡し、そしてそれらの経過を熟知して剖検されたものです。いわば死に向かう生に際立った共通項をもち、そして全例の死にほぼ共通する病理所見を持つ人たちでした。わたしは詳細な反論を纏めました。

たとえば氏の見解には、骨髄障害の他原因として、血液疾患、栄養障害、感染症等が列記されています。しかしそのような侵襲は、全臓器に共通した病像をほぼ同じ日数（被爆後三七～四二日）の間につくりあげることはできません。放射線被ばくは臓器と細胞を選ばず障害をあたえるが、血液疾患、栄養状態、感染症はそれぞれ特有のかかわり方をするのであり、無差別の共通の病理像を作ることはできないと、指摘したのでした。氏は一三例を全体として見ることができなかったのです。かつて天野重安、操坦道、卜部美代志らが心血そそいで臓器を観察した視点、原爆症の本態とは何かを探ろうとした慧眼を、氏は残念ながら持たなかったと言えます。荒瀬、明石の両氏からも、また北村氏からもその後の反論はなかったのでした。

さて二〇〇八年になると、東訴訟の際に国側証人として出られていた肝臓学会の権威、戸田氏が一つの報告を出してきました。わたしたちはそれを、いくらかの思いを込めて、戸田報告とよびました。厚労省から依頼されたもので、「肝機能障害の放射線起因性に関する研究」（主任研究者：戸田剛太郎）とされたものでした。この報告は実に奇妙なものでした。内容はこれまで被爆者において研究されてきた肝癌、肝硬変、慢性肝炎等についての研究論文をレビューしたもので、実態は放射線影響研究所が積み上げてきた諸論文の概括と言えました。したがって報告の「本体」部分はすでに熟知したもので、なんら問題はなかったのですが、報告のまとめとして戸田氏自身が付けた「要約」が曲者《くせもの》だったのです。本体部分では被爆者肝障害の研究史が適切に述べられているのですが、戸田氏の「要約」は「本体」の成果を正しく要約するのではなく、「C型慢性肝炎成立には被爆は関わっていないと考えられる」とするものでした。実にひどい要約でしたが、これにはもう一捻りありました。戸田報告がいったん公表されたあと「海外レビュー」をうけ、そこから要約は一段とひどさが増し、「修正要約」として登場したものだったのでした。本体部分は全く変わらず、要約部分が修正されるとはどういうことか、この論文の恣意性が露骨に表れた珍事とも言えました。

3　原告に関する個別意見書の意味

わたしは、広島地裁に提訴された原告四〇名について、一人ずつ個別の医学的意見書をつくりあげました。腫瘍性疾患は一四疾患、ほとんどが悪性腫瘍、非腫瘍性疾患は五疾患、大腿骨骨折、C型慢性肝炎、放射線白内障、膵炎、ケロイドです。がん性疾患は放射線との関連がよく知られており、意見書の作成はそれほど困難ではなかったのですが、外傷性疾患である大腿骨骨折などは、被爆者自身の被害状況そのものに肉薄する以外に手がありません。そうしないと骨折がなぜ今になって認定されるのかがわからないからです。大腿骨骨折の事例のほうは、爆心地から一・八キロで被爆し、跳ね飛ばされて数時間にわたって意識を失い、気が付いたら顔は紫色に腫れあがり、左目がかすかに開くぐらいでした。急性症状も激しく、脱毛、血便、頭痛、高熱、歯茎出血に見舞われていました。相当程度の被ばくを受けていたことが考えられた状態でした。この事例の骨折については、一九四六年に至り始めて治療をうけることができますが、「手術したあと化膿して骨が付かず」とされ、翌年、再手術も含めて計三回の再手術を受けることになったというのです。このような事例は被ばくが骨癒合を妨げたことは明らかなのですが、被ばく線量がどうのという論議では救済できないことになります。

またC型慢性肝炎の一つの事例は次のような方でした。一五歳時、爆心地から〇・五キロの地点で被爆、コンクリートの遮蔽下での被爆だったためにしても即死を免れ、砂塵の中から脱出し逃げたということでした。五〇〇m以内被爆者の即死回避事例のほぼすべては、コンクリートの建物内、地下室、遮蔽の下での被爆に限定されています。しかし後年の調査ではその人たちのほぼすべてで、染色体異常が認められるのでした。C型慢性肝炎については、東訴訟で被ばくと発症の関係について認定していますが、このような近距離事例においても認定審査会では依然として却下され続けていたのでした。

この原告は陳述書のなかで、誰かが「水をくれ、水をくださいと言うて、戸をたたくのです」、「そのにおいと、その言葉がいやで、私はなかから鍵をかけるんです」と精神の困惑にふれたのでした。続けて「私たち夫婦は、深い悲しみに打ちひしがれ、それをきっかけに夫婦仲はうまくいかなくなり……離婚しました」と結ぶのでした。なんとも胸が詰まる思いです。C型慢性肝炎の問題もさることながら、一五歳の少女の原爆被害はＡＢＣＣ—放射線影響研究所流の、あるいはそこにのみ依拠しようとしてきた被爆行政では救済できないことは明瞭でした。

原告となった白内障の事例は次のような具合でした。六例の事例はすべて老人性白内障として認定が却下されていた方々でした。公判の中でも小出氏はその見解を維持したのでした。小出氏

原告番号／氏名	距離・眼線量	年齢	後嚢下混濁	脱毛	小出意見書
4　川●	1.2km　2.34 Sv	13	(+)	(+)	老人性白内障
14　古●	0.9　11.48	12	(+)	(+)	老人性白内障
15　吉●	1.6　0.37	24	(+)	(+)	老人性白内障
25　島●	1.8　0.24	16	(+)	(+)	老人性白内障
27　鳴●	1.0　4.64	16	(+)	(+)	老人性白内障
37　麓●	1.0　4.64	22	(+)	(+)	老人性白内障

のいう一・七五シーベルトという当時の定説をこえる被爆者であっても、高齢になってからの白内障はすべて老人性白内障としていたのです。この方々は全例が脱毛を経験し、少なからずの被ばくをうけていたことはあきらかでした。しかし国の審査には「遅発性放射線白内障」の観点はなく、いわんやその場合のしきい値はないとする新しい見解に至ることもなかったわけでした。また被爆者の多くは申請疾病のみが罹患疾病ではなかったのです。この六例の白内障申請者にしても、原告四番氏はケロイドによる四肢拘縮の機能障害と胃癌、一四番氏は右上肢のケロイド瘢痕による右肘関節拘縮の後遺、一五番氏はC型慢性肝炎を抱え、二七番氏は若い時に子宮筋腫の手術をしていました。子宮筋腫は被ばく線量と有意の相関を持つ放射線関連良性腫瘍として知られているものです。三七番氏は胃がんを持った方でした。胃がんも有意の線量相関をもつ疾患です。つまり被爆者の今日の姿は原爆被ばくと何らかの関連を有する多疾患を有していることでした。申請疾患のみが被爆者を苦しめてきた疾患で

はなかったのです。わたしにとって個別原告の医師意見書を作成することは、被爆者一人ひとりの疾病史を原爆被害の総体のなかにとらえる作業でもありました。一人ひとりの陳述を原爆被害の全体のなかに位置付け、全体の原爆被害を個別被爆者の肉声で支えることでした。

広島地裁でわたしは日をかえて計五回に及ぶ証人尋問をうけることとなります。二〇〇三年六月に開始された裁判は、三年二か月後の二〇〇六年八月四日、平和祈念式典の二日前、全員勝訴の判決が下ったのでした。桑原訴訟（裁判期間一〇年）、小西訴訟（同一三年）、松谷訴訟（同一二年）、東訴訟（同一〇年）と比べ、きわめて速い判決でした。個別原爆訴訟の経験が導いたものでもありました。

判決はＤＳ86初期放射線量の問題にふれ、「線量評価が非常に低いにも関わらず、放射線による急性症状とみられる諸症状を呈したおびただしい人々が存在した」と言及し、遠距離・入市被爆者の放射線影響についても「各種の急性症状や白血病などに罹患するおびただしい症例が客観的に存在する」と指摘したのでした。

4　原爆集団訴訟の到達

全国各地でたたかわれていた集団訴訟は、二〇〇九年東京高裁での判決を迎えました（五月二八日）。判決対象一一名中一〇名の勝訴、一名敗訴を示しました。原爆集団訴訟はこれを機に終息へむけ転換します。状況は三〇六名中二四三名が地裁、高裁での勝訴判決（却下処分取消）を得ましたが、高裁レベルでの公判がつづいていたのです。そのようななか、八月六日、麻生自民党総裁、内閣総理大臣（当時）と被団協の代表との間に確認書が取り交わされ、以後、裁判の中止、控訴なしを確約し、それまでの敗訴原告については「基金」制度を設けることで対処する、との方向が打ち出されたのでした。

このような政府の流れを決定づけたのが東京高裁判決でした。判決は、それまで各地で打ち出されていた判断を集大成する形で、極めて重要な点に触れるものでした。

第一は、まず科学的知見と法的因果関係についてでした。判決は「原爆症認定における放射線起因性も、科学的知見を踏まえた上で法的因果関係を判断することであり、科学的に因果関係が証明されているかどうかが最終的な問題ではない」とし、したがって「対立する科学的知見について……一定水準にある学問成果として是認されたものについては、そのあるがままの学的状態において法律判断の前提としての科学的知見を把握することで足りるものというべきである」と述べたのです。急性症状のしきい値についても、また肝機能障害の起因性判断についても、原告被爆者の主張に沿った判断を言い渡したのでした。

第二は、被爆者援護法の前文を踏まえ「同法の援護措置が、単なる社会保障的観点に基づくものではなく、戦争遂行主体であった国の国家補償的措置として行われるものであることを明らかにしている」と断じ、「疾病の発症においては、一般に、複数の要素が複合的に関与するから、他の発症要因との共同関係があったとしても、特段の事情がなければ、放射線起因性は否定されることなく、原爆の放射線によって疾病の発症が促進されたと判断される場合も放射線起因性を肯定するのが相当である」としたのでした。きわめて明快な論理でした。

第三に、判決はもっとも肝腎の原因確率の手法の問題に言及します。「放射線起因性の判断において……定量的な判断ができるという前提で判断基準を組み立てることに無理がある」と述べ、「審査の方針が定める原因確率の方式は、その算定数値自体の正確性に問題があり、またこれをほぼ絶対の基準として定めたところに欠陥があり、運用ではなく（運用に問題があるのではなく――引用者）、判断基準それ自体に合理性を欠くものがある」と述べたのでした。原因確率の手法はここに決定的に崩壊することになったのでした。

すでにふれてきたように、ここでいう「審査の方針」「原因確率」は二〇〇一年五月二五日、厚労省「医療分科会」で決定されたもので、松谷・小西訴訟で国が敗訴したことに対抗して打ち出されたものです。また被爆者のたたかいが個別原爆訴訟を集団訴訟へ向かわせるきっかけとなったものでした。実は集団訴訟の進行中、原告被爆者の勝訴判決が重なるなかで、国は新しい審査の方針を打ち出さざるを得なくなりました。それが二〇〇八年三月一七日の「医療分科会」で決められた「新しい審査の方針」でした。そして、国はみずから「新しい審査の方針」に基づいて一部の原告に関し処分の取り消しをすすめていたのですが、そのことをもって「(旧) 審査の方針」やそれが前提とした科学的知見、さらには、原爆症認定却下処分に誤りがあったわけではないとの主張を変えませんでした。旧審査の方針(原因確率)になお拘泥する国の対応は、国(行政)の有する精神がいかなるものかを強く示すことでもありました。

原爆集団訴訟は、個別原爆裁判を発展させる形で全国で激しくたたかわれました。振り返ってみて被爆者の前に存在していたのは、このような裁判という形でなければ決して解決しない堅牢な壁であったことは間違いありません。しかし、既述したように被爆者のいのちをかけた日々は、被爆者自身のいのちを減らした日々でもあったのでした。六〇名の原告が公判途中で亡くなりました。痛恨の極みと言えました。

その後の問題に触れます。裁判での解決をさけることが約束され、厚労省はその後二〇一二年一二月に「原爆症認定制度の在り方に関する検討会」を設け、有識者、被爆者等で構成されるメンバーで、新しい制度の在り方が議論されることになりました。しかし国、あるいはその意を受けているとみられる委員のメンバーは、放射線起因性を狭義にとらえることに終始し、集団訴訟判決で方向づけされた起因性の考えや、それに基づいて認定された疾病を、ひろく審査会へ反映させることには拒否の姿勢を貫き通したのでした。そのような行政の姿勢により、その後も認定を却下される事例が続き、残念ながら裁判の場での起因性論争は継続しているのが現状となっています（ノーモア・ヒバクシャ訴訟）。しかし下される判決の多くは、原告被爆者勝訴の事例が圧倒的に多い状態となっているのですが、国のかたくなな姿勢は維持されていると言えます。

司法闘争の記述の最後に、線量というものについてふれたいと思います。ずっと述べてきたように原爆裁判の被爆者のたたかいは、ＡＢＣＣ—放影研とそれに離れずにきた我が国の被爆行政の、独特な仕掛けによって強いられたものでした。ＡＢＣＣの方向を決定づけたフランシス報告の神髄は、被爆者とは線量を背負った担体としてのみ徹底して見ること、正確無比の誤差のない線量を担った生物学的担体として徹底して見ると言うことでした。一生にわたって離さず見る、アメリカは逃げ出さず見る、ということでした。この決意を少なくとも日本政府は了としたのでした。

被爆者という法的存在は、わが国政府により被爆から人権を回復する方向へ道筋を敷かれ、日的を明確にしてその道を進むように勧奨された存在ではなかったのです。わが国政府によって敷かれた道、その道の途上にいることのみを強いられた存在と言えたのです。

途上にいるとはどういうことか。

研究サイドからみればフランシス報告が含意するように、被爆者は幾ばくかの線量を負った担体に過ぎません。ある物理量を背負った生物学的な担体に過ぎません。そして線量の単なる担体であることを良しとしなかった人が、「それはないだろう」と人間として自立するため裁判の原告となったと言えます。ここでいう線量とは原爆被ばくという具体的な痛苦を、無主物である線量に変じさせ、痛みのない数値として背負わせた代物です。したがってこの線量には当然、原爆もなく、人権も核廃絶もありません。しかし司法という場では、線量を相手にしながら人間が生きる社会の責任や、人道や倫理や、そして大罪である戦争の問題も出てきます。

原爆裁判の過程からかすかに浮かびあがるのは、被爆者において特別に意味付けされたこの線量という荷物を、その計略を、被爆者が陳述のことばで、人間の側のことばで告発する姿でした。原爆集団訴訟はいくつかの重要な収穫をもたらしたことは間違いなかったのでした。

第七章　被爆者のこころ、あるいは倒錯について

これまで、原爆被爆者における、いわば人権回復のためのたたかいを見てきました。無法の時代から法の時代へ、そして法を深く活用する時代への歴史的経過を見てきました。それが前進であることに間違いはありません。一方、この前進に付随した後退面も見ておくことが重要だと思っています。

戦後被爆行政が生み出した二つの分断

戦後の被爆行政の最大の特徴は、その施策を通じて一般戦災者との分断、あるいは差別化を図ったということでした。これを歴史の深層の問題としてとらえれば、被爆者には一定の対応をする一方で、国民に対する戦争責任問題は封じ込めたとも言えます。政府は「社会保障的措置」

を被爆者に講ずることにとどめ、それを含めて自国民のみならず広くアジアの人々、日本軍の蛮行をうけた人々への戦争責任の根幹を正視することを長く拒否してきたとも言えます。

もう一つの分断は被爆者の中の問題です。被爆者認定制度における放射線起因性は、高線量被ばくに狭く限定することで被爆者を分断し、認定制度自体を被爆者から遠ざけたと言えます。あたかも被ばく線量は行政施策の中心のようにして、一方でＡＢＣＣ―放射線影響研究所の残留放射線無視の研究内容を擁護し、他方で総体としての原爆被害ではなく、加害性を有しない線量というものに被爆者を固定したのでした。戦後の被爆行政の一つの側面は、被爆者のなかを裂き、被爆者と一般国民のなかを裂き、国の戦争責任を総体として流産させる一助にしたと言えます。

わたしを含め、個別原爆裁判、集団訴訟等を支援したものがつねに考えていたことは、「生活苦も含めトータルな意味での人間破壊が原爆であった」ということです。原爆特別措置法の制定（認定制度の制定）が法整備の発展であったとしても、その発展から国家補償の精神を抜いた場合、原爆によって人間が破壊された歴史的事象のいったいどれほどの部分に、報いることができたといえるのでしょうか。

被爆者の願いは「我が人生を元に戻してくれ」ということです。「戻せないのはわかる。時間的な逆回りはできないというのはわかる、しかし、どうしたら元に戻ったように感じられるのか、そこを考えてくれ」というのが根本の要求と言えました。

被爆者は、放射線の影響を徹底して調べるＡＢＣＣの疫学調査と、それに追随した「高線量被ばくは救います」という被爆者行政、その二つの壁に挟まれた道を歩んできたと思うのです。道があるけれどその両方に壁があるとでも言えるでしょうか。壁は被爆者の歩みを支えるものなのか、行く手をごまかすものなのか。狭くなったり、少し広がったり。被爆者は両側に壁のある道を歩かざるをえなかったのです。

その壁がつくる悪しき慣性のなかで、線量は診察室の医師とのやり取りのなかで日常的なものにも変じます。認定申請時においては被爆地、被ばく線量がつねに問題です。「どこで被ばくしたの？」と必ず尋ねることになりますが、「何町で」と言われたら「何グレイぐらいだな」とわかります。何例も却下の事例を経験した医師ほど、「何町で」と聞くだけで、認定申請書の運命が分かってしまいます。「一グレイをなんとか超えてほしい」と思ってしまうのです。いつの間にか行政の立場に立ってしまうのです。認定してあげたいがための倒錯といえます。

倒錯はもっと劇的な場合もあります。

もちろんすべての被爆者がというわけではありませんが、原爆投下から四〇年、五〇年を経て放射線影響研究所（放影研）に対する信愛の気持ちがうまれることも指摘せざるを得ません。Ａ

BCCから放影研の時代になって研究手法の日進月歩もあり、被爆者の晩発性障害に関する知見は巨大なものとなっています。研究対象は放射線被ばくをうけた被爆者であっても、科学のもつ普遍性は、「被爆者」の枠を超え人間一般の医学研究をリードする部分も目立たせています。二年に一度の採血を含め固定集団（被爆者）から継続した試料提供をうける意義は大きく、医学研究のフィールドにおいては最高の、かつ最大の価値を生み出す宝と言えます。他の研究者からすれば羨望の的と言っても過言ではありません。

ABCCから放影研への転換後、職員においては被爆者を丁寧に扱うのは天命と言えます。信愛をもって事に当たるその一点では、一般の医療機関の比ではなかったと思います。被爆者は放影研のある比治山に行って血圧を測ったり採血をされたり、受付、技師、看護師、医師らと年余にわたりつながりを持ってきました。数十年とも言えます。ここには、通常診療において普通に生じる医師との祖語や葛藤、治らないことの苛立ちもありません。もはや遠い昔の強圧的な対応もありません。

被爆者のこころにある倒錯

放影研のある式典に招かれた被爆者が次のような感謝の言葉を残しています。その方は「わたしたちはさまざまな苦しい思いをしてきた。その体験によって不安や恐怖心が自分の感情の世界を支配することになり、まったく自信喪失の一途をたどる結果となった」と被爆後の自分の心情を吐露しつつ、「その後、被爆者は放影研の協力に背を向けて、思慮のない風評を作り出したことも事実であります」と述べました。研究ばかりして診療してくれないことに対して「思慮のない」批判をしてしまったというのです。そして「崇高な放射線研究に水を差し、研究が停滞したのも事実であります。その行為について悔やんでも悔やみきれない思いが残っています」と悔悟の念を吐露するのでした。ここまで言う必要があるのでしょうか。

そして続けて彼は「核兵器の廃絶を悲願としています」とし、同時に「放射線の影響調査に全面的に協力する覚悟であります」と決意を述べるのです。さらに「なお、いまだ家庭を持つことなく独身で過ごしている被爆者もおります」とし、とくに結婚できなかった女性などを念頭に、「なかなか生きることが難しい状況にいます。放影研におかれましても、そういう人たちの目配りと心遣いをこの場を借りてお願いしていきたいところです」と展開するのでした。わが国政府はそういう人を守れない、だから放影研に目配りと心遣いをお願いしたいというのです。

わたしはここに、一つの倒錯を見ざるをえません。

同じ式典で女性の被爆者が述べます。「六〇年前、長崎でわたしは被爆した」として、次のように続けます。「子は親を、親は子を呼び合い、とにかく絆は結ばれることはありませんでした。黒こげの死体、人間らしく死ぬこともできず、得体の知れない病に侵されました」。その次にこう言います。「その時、手を差し伸べてくださったのが放射線影響研究所の職員の方でした。わたしたち一人ひとりに優しい言葉を掛けて診察してくださいました。病気が見つかると『早く病院に行って治してもらいなさい』と言われ、その甲斐あって手術も成功し、生き延びた被爆者もいっぱいいます。わたしもその一人です」というのです。実際このひとはそうだったのでしょう。「レントゲンでちょっと影があるから早く病院に行きなさい」と言われ、九死に一生を得たのかもしれません。そして、この人も最後に言ったのは、「核兵器が心配な時代です。二度と被爆者を作らないために果たすべきこととして研究にお励みください」、「放影研が世界的に貢献できますように、ますます研究にお励みください」というのでした。

ここにも辛い倒錯を見ざるをえません。

人間の手でつくられた原爆だから

もちろん、一人ひとりの科学者、医者は核廃絶を願っています。しかし放影研という研究組織の根本は、歴史的な経過を踏まえると全然そういうものではありません。組織が核廃絶、あるいは非核三原則、あるいは核兵器禁止条約の採択・批准を声明としてだすことはしません。研究機関だからではなく歴史的出自として不可能なのです。

得体の知れない病に侵されたときに、組織は手を差し伸べてくれたと述べた、先ほどの女性。このような述懐は胸をうちます。しかしここには、日本政府の被爆行政、あるいは援護法云々への言及はいっさいありません。かつてのある時期、この女性が精神の困惑のなかにあった時期、やさしい対象として放影研のスタッフと出会ったのです。わたしはそのこと自体「よかったね」と切に思います。しかし、彼女がまったく別の優しさと遭遇できなかった事実のほうに、歴史の真実があるのではと思うのです。

被爆者のなかでは当然のごとく、原爆投下にからむ混迷や慟哭や、そして家族、同胞への鎮魂を持たなかった人はいません。「原爆投下は人間の手によって落とされたものか」の問いは原爆の惨状を問う適切な表現でした。原爆はトルーマンが投下を決定し、エノラ・ゲイのティベッツ機長がテニアン基地から六時間半掛けて運んできたものです。人間の手によってつくられ、人間の論理で投下されたものであることは間違いなかったのです。『原子爆弾の医学的影響』（１９５１年）は、人間の手と人間の論理によって再び原爆を投下するため、その威力を確認した書物です。だから極秘としたのです。

人間の手によりつくられたものは、人間の手でつかみ続けなければなりません。氷塊するまでつかみ続けなければならないと思うのです。

原爆の威力に詩人峠三吉は向き合いました。みんながよく知る一節です。「八月六日」の詩は、彼の場合の人間の手の握力を示しています。

あの閃光が忘れえようか　瞬時に街頭の三万は消え　圧しつぶされた暗闇の底で　五万の悲鳴は絶え　……三十万の全市をしめた　あの静寂が忘れえようか　……

もう一人の詩人もその威力に向き合いました。原民喜です。「永遠のみどり」(「原爆小景」所収)の一節はこう記録します。

ヒロシマのデルタに　若葉うづまけ　死と焔の記憶に　よき祈りよ　こもれ　とはのみどりを　とはのみどりを　ヒロシマのデルタに　青葉したたれ

これも原爆の威力をつかんだ人間の手、その形です。形は多様であることを知ります。峠三吉は二八歳で被爆、八年後三六歳で病没(1953年)。原民喜は四〇歳で被爆、六年後四六歳で鉄道自殺(1951年)。

強いられた倒錯も、同じ人間の手で抱擁するしかないと思うのです。

原爆被爆と人間の葛藤について述べてきました。福島の問題に移ります。福島第一原発事故を歴史のなかに位置づけることが大切だと考えています。事故は起きてしまったけれども日本の戦後史を振り返る契機となり、あるいは現代から未来にかかっている課題をさぐることができれば、と思います。

第二部　福島の被曝がもたらしたもの

第八章　福島第一原発事故と避難

福島第一原発事故はＩＮＥＳ（国際原子力事象評価尺度）でレベル七とされました。レベル七とは、事業所外への影響として放射性ヨウ素Ｉ―１３１等価で数万テラベクレル（テラベクレル：10^{12}Bq）以上相当の重大な外部放出が起きたことを意味しており、事業所内への影響としては原子炉が壊滅し再起不能とされる最悪のレベルというものです。福島第一原発事故の場合は九〇〇ＰBq（ペタベクレル：10^{15}Bq）と推計されました（90万テラベクレル、東京電力推計２０１２・５・24）。チェルブイリ事故（１９８６年）から二五年後の国際的大惨事でした。事故発生からの経過を少し克明に追いたいと思います。

1　避難

避難の範囲と経緯

福島第一原発事故で放出された放射性物質による福島県の土壌汚染をもっとも濃厚にもたらしたのは、二〇一一年三月一四日二一時ころから生じた第二号機圧力容器破損に伴う放射性プルームの放出とみられています。三月一五日、北西に走ったプルームはちょうど霙《みぞれ》まじりの雨とともに地上に落下し、上図にみるような土壌汚染地図を形成することになりました（文科省・米エネルギー省、飛行機から4・6～4・29の放射性セシウム134、137線量の計測）。

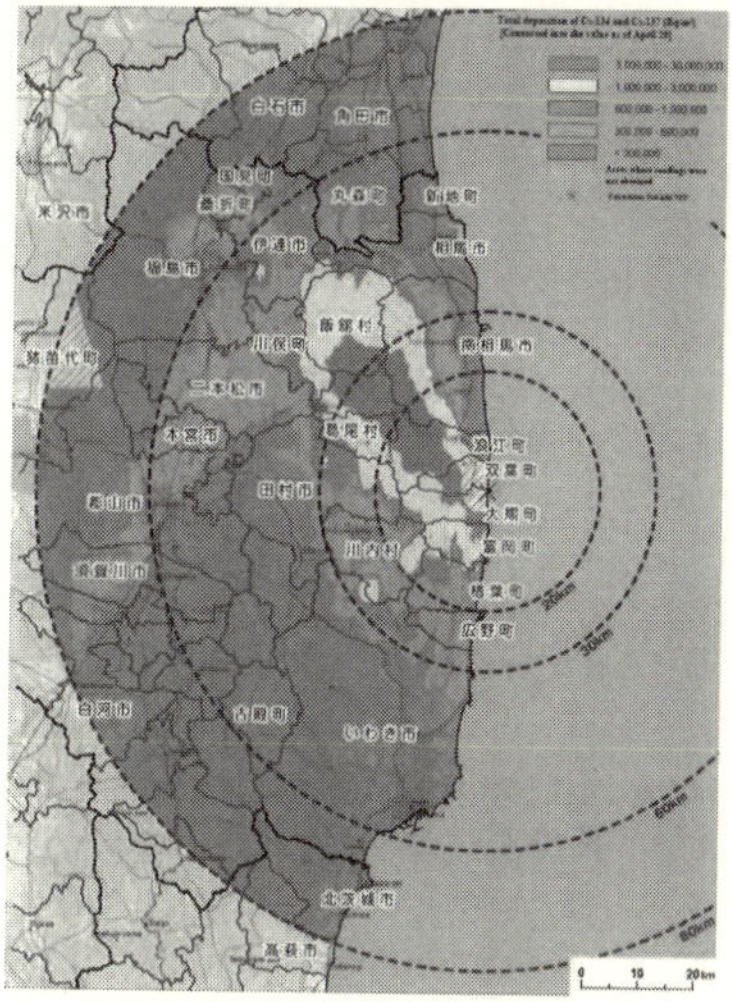

他方、この場合、汚染した土地に住民が住みつづけるとしたら、いったいどのくらいの被ばくをうけることになるのか。わたしはこのもっとも重要な情報を二〇一一年五月二三日、インターネット上に公開されたフランス放射線防護・原子力安全研究所（I

行政指示避難地域

セシウム(137+134) 蓄積量(文科省調べ)	>30万 Bq/㎡	>60万 Bq/㎡	>100万 Bq/㎡	>300万 Bq/㎡	600〜3,000万 Bq/㎡
最初の1年間の外部被曝線量 (100万Bq/㎡当たり16.6mSv)	>5mSv	>10 mSv	>16 mSv	>50 mSv	100〜 500mSv
10年間の外部被曝線量 (100万Bq/㎡当たり63mSv)	>19mSv	>38 mSv	>63 mSv	>190 mSv	380〜 1900mSv
生涯外部被曝線量(70年間) (100万Bq/㎡当たり136mSv)	>41mSv	>82 mSv	>136 mSv	>408 mSv	816〜 4080mSv

生涯100msv〜4000msv

放射線防護・原子力安全研究所(IRSN)2011.5.23公表

ＲＳＮ）の鮮明な図表から得ることができました（真下俊樹氏仮訳引用）。上図は文科省の土壌汚染図の色分けとまったく同じ色で、一年間、一〇年間、七〇年間（生涯）の被ばく線量を示したものです（一部著者作図）。地上の平面に示された線量を時間の軸に転換させ、将来に関わる線量の重みを見せたのでした。ＩＲＳＮの被ばく線量推計値は、文科省・アメリカエネルギー省が明らかにしたデータを踏まえ、さらにその他の短半減期の核種も考慮して示したものでした。

　事故後一年間の積算線量で福島県を地形的に大まかに区分すれば、第一は、原発から二〇キロ圏内で、二〇一二年年三月まで最大約五〇〇ミリシーベルトの地域、第二は、阿武隈高地を北西にはみ出した飯舘村、川俣町山木屋を含む範囲で約一〇〇ミリシーベルトの地域、第三は、阿武隈高地から下り奥羽山脈東面につながる低地帯で福島市、二本松市、須賀川市などの都市がある中通り地方、それに加えて沿岸北部、沿岸南部を含み約一〇ミリシーベルト以下の地域、第四は、福島県西部の会津を中心とした年間積算線量約数ミリシーベルト以下の地域です。実際の個人の線量は行動により、あるいはホットスポットの存在で異なってきますが、地域分けとしてはこのような形といえます。

この地形区分の内情は第三、第四の地域が第一、第二から避難してきた住民の避難地域となっていることです。第一、第二の地域は人を支えてきた自然の財物が失われ、歴史的精神的風土が損なわれ、基本的なセーフティネットであった地方自治が崩壊した地域でもありました。

さて、このような線量推計値はウェザーリング効果を含んで示される実測値とは乖離してゆきますが、おおまかに言えば福島県住民は地形と線量との関係で四分されたと言えます。そして年間線量をもとに生涯被ばく線量を見ると、避難指示地域となったのは約一〇〇ミリシーベルトから四〇〇〇ミリシーベルトの範囲となります。したがってその地域に仮に踏みとどまった場合の人体障害は、原爆被爆者の疫学調査（ＬＳＳ）をもとにすれば生涯がん死率は、〇・五％から二〇％の増加と推計されます。これらの死亡率増加は倫理的に許容できないことから、避難は避けることのできない選択となりました。

避難をめぐる議論の交錯

なぜ避難せざるをえなかったのかの理由は不必要な過剰被ばくをさけるためですが、医学的に言えば将来の死亡率増加を回避するためともいえます。しかし、福島第一原発事故が教えたもっとも重要な教訓は、この必然的な選択肢が必然的に生み出した被害の重さでした。

原子力発電所の当事者側からする重大事故の認識は、国に緊急事態宣言を促す一〇条通報（基準以上の放射線検出）や一五条通報（原子炉そのものの損傷を意味する事態あるいは予測される事態）が出されることで示されます（原子力災害対策特別措置法）。同時に原発立地自他体に避難の指示を発し、自治体は自治体として独自の決定を住民に対して行い、避難が開始されます。

しかしこのもっとも初期の、きわめて重要な段階で二つの瑕疵が生じました。第一は、一五条通報は三月一一日一六時四五分にだされているのですが、迅速な対応ができず緊急事態宣言発動に約二時間かかったことです（一九時三分）。第二は、国や県から、あるいは東京電力から各自治体への伝達が必ずしも確実に実施されなかったことです。なお東京電力は当初「炉心溶融（メルトダウン）」を認めず「炉心損傷」の表現にとどめ、二〇一一年五月に至り炉心溶融であったことを認めました。これは当初、炉心溶融を定義するマニュアルがなかったためとされていましたが、のちに炉心溶融を定義づけしたマニュアルはすでに事故当時存在していたことが判明するのです（二〇一五年二月二四日）。その定義によれば三月一四日には炉心溶融とされる事態だったこともわかったのでした。

ここには原子力発電会社の杜撰さもふくめ、原子炉破綻の展開次第では、予測できない複合的な躓きが加速度的に生じることが示唆されています。東電の「マニュアルはなかった」になぞらえていえば、社会的弱者を多数抱えている地域の真ん中で生じる原発過酷事故において、それこそ安全を保障する「マニュアル」は存在しないと言えます。

さて、三キロ圏内への避難指示がでたのが三月一一日二一時二三分、ついで一〇キロ圏内への避難指示は三月一二日五時四四分。地元テレビ局が一号機原子炉建屋水素爆発を捉え、全国に報じたのが同日一五時三六分、これを受ける形で政府が避難範囲を二〇キロへ拡大するのが同日一八時二五分です。その後、三月一四日一一時一分に三号機爆発、同二一時に二号機圧力容器破損、三月一五日六時一〇分に四号機爆発、同日一一時に二〇～三〇キロ圏内に屋内退避が指示される経過となりました。

再び日本で連続的な危機がこのような形で進行した場合、十数万の住民を一糸乱れず避難行動をとらせること自体、そもそも不可能と見なければなりません。放射性プルームの時々刻々の情報はどこから入るのか、避難の方向はどちらか、県道か国道か海か、それとも逃げずに屋内退避するのか、屋内退避というが、それはどのような形なのか、夏と冬のきびしい季節として空調は使えるのか、搬送は車両何十台か、大量の患者搬送は可能なのか、年寄・子どもが先か、医療関係者にも家族がいるがとどまるべきなのか、避難してもいいのか、何百人、何千人の避難先の確保は可能か、オフサイトセンターはどうなっているのか、回線はつながるのか、他の自治体とのぶつかりは起きないか、ヨウ素はどうするのか、などなどの交錯した議論が百出します。福島第一原発事故を振り返ってみれば、これに倍する論点が想起されるのです。

今般の事故で、このような具体的に迫られた問題に国が統一的に、秩序だって対応した事実はなかったと言えます。その時の政権（民主党）の問題というものではなく、原発を推進し続けた前政権においても困難だったと言えます。安全神話に塗りこめられていた政権であったならなおさらと言えます。

福島第一原発事故当時、浜通りの各自治体住民が何とか脱出を試み得たのは、自治体首長の指示が半分、住民の自主的な判断が半分と言えました。首長レベルにしても、自治体首長同士の電話連絡がきわめて重要だったのであり、国からは入らない情報を共有し、相互の信頼関係のもとで初めてことを前にすすめたのでした。後述するように病院からの患者避難に際しては、県からも警察からも、もちろん国からも、全病院施設に対してスムーズな対応が果たされたとは決して言えなかったのでした。

病院はどう対応したか

第一原発の二〇キロ圏内には病院七、老健施設三、障害者施設五、特別養護老人施設六、グループホーム六が存在していました。そこからさらに三〇キロ圏内には病院七を含む医療・福祉関連の施設が多数存在していたのです。二〇キロ圏内七病院の避難時の状況を国会事故調査委員会記録（2012年）から簡単に見てみます。

(1)県立大野病院（大熊町、五キロ圏内、内科）――入院患者三五人、うち重篤患者一〇人。一二日、オフサイトセンターと連絡がとれ、重篤患者一〇人は救急車五台、軽症者はバス二台で移送できた。結果的に全員が他病院へ転院ができた。

(2)双葉病院（大熊町、四・五キロ圏内、精神科）――入院患者三三九人、うち重症者一二九人。一二日、町手配のバス五台で軽症者と病院関係者が避難、重篤患者一二九人と病院長一人が残された。一三日、県警幹部から今日は移送できないと言われる。一四日、バスと自衛隊車両到着、患者三四人と老健施設九八人の計一三二人が医療関係者の同乗なしに出発、一端北上し南相馬市でスクリーニングをうけ福島市を経由して、そこから南下しいわき市の高校へ向かった。二三〇キロ、一〇時間の逃避行であり、途中三人が死亡、翌日（一五日）の高校でさらに八人が死亡した。一四日、自衛隊の救助を待っていた院長らは警察官から緊急避難指示が出されたとされ、警察車両に乗せられ原発から二〇キロの川内村に到着した。自衛隊が患者の救出にくると伝えられていたが自衛隊は来なかった。結局、双葉病院四〇人、関連の老健施設（九八人）の一〇人、計五〇人が死亡した。

（3）双葉厚生病院（双葉町、五キロ圏内、初期被ばく医療機関）――入院患者一三六人、うち重篤患者四〇人。一二日、県災害対策本部の情報を得ていた院長の旧友の県立医大医師から直ちに避難の必要な状況が伝えられ、自衛隊ヘリの手配をうけることができた。一三日にかけて結果的に病院関係者も患者も避難できたが、患者の転院先を県の協力なく探さざるを得ず、転院先は一〇か所に及び転院先の病院で四人が死亡した。

（4）今村病院（富岡町、一〇キロ圏内、初期被ばく医療機関）――入院患者九六人、うち重篤患者六七人。一二日、軽症者がバスで郡山市内の高校に避難した。重篤患者は、院長が双葉警察署の担当であったため、県警を通じて群馬県の自衛隊に救助を要請、対応可能となった。一三日、一四日にかけて、郡山市内の高校へ避難できた。転院先の病院は院長が自力で探さざるを得ず、群馬、茨木、山形の病院へ転院させることができたが、搬送手段は県からの支援はなく県外病院の提供で行われた。転院先で三名が死亡した。

（5）西病院（浪江町、一〇キロ圏内、透析医療機関）――入院患者七五人。一二日、町職員が全患者の避難を指示してきたが、ライフラインが生きていたこともあり、県機動隊からバスの提供の打診を受けるも院長は患者の状態を考慮し避難は危険と判断した。一三日、院長はこれ以上の避難の遅れは危険と判断し、結果的に翌日、自衛隊ヘリ、警察のバス等で患者と医療スタッフが避難した。避難開始から終了まで患者三人が死亡した。

（6）小高病院（南相馬市、二〇キロ圏内）――入院患者六八人、うち重篤患者半数。一二日から一三日にかけて同市内の南相馬市立総合病院へ全患者が避難できた。その後、県内外の病院に患者が移送された。

（7）小高赤坂病院（南相馬市、二〇キロ圏内）――入院患者一〇四人、うち認知症病棟に三四人。一二日、自力で動ける患者四八人は南相馬市原町区へ避難したが、一三日、一〇人の患者が戻り計六六人の患者が病院に残された。その中から一三日、自力で福島市の体育館に自主的に避難し、同市内の五つの病院に転院が受けられた。翌一四日、防護服の警察官が来て、昼には自衛隊が来ると言われたが自衛隊は来ず、夕方警察車両が来ると言われたが、用意されたのは七台の観光バスで、午後七時半病院を出発し郡山経由でいわき市に向かった。翌一五日朝五時、二〇〇キロ以上の道のりを経ていわき市内の高校の体育館についた。食事や給水はなく、たどりついたところは体育館で、院長はここでは全員死ぬと判断。福島県医療チームに相談し会津の県立病院への受け入れが決まり、再びバス三台で一一時に出発し一五時から一六時県立医大病院に到着した。残り五六人については県に調整を依頼し一七日に都内の病院に転院が決まった。

以上の七病院の避難は、院長の個別の縁故を頼れたか、実際その時点で自衛隊、警察の対応がたまたま可能であったりして実現できたものでした。さらに避難も一〇〇キロ、二〇〇キロを北上したり南下したりと、はまさに難破船の如く運を天に任せる逃避行のようなものでした。仰臥すべき患者が一〇時間も飲水も食事もなく、観光バスで運ばれるさまは苦行そのものと言えます。家族にすれば胸のつぶれる思いだったことでしょう。実際その過酷な状況が多くの患者の死につながっていったのです。

体育館の現実

大挙して押し寄せる避難者を当座引き受けることができたのは、多くは学校の体育館か、国公立の運動施設でした。さらに福島市にあった競馬場施設、県内の多くのホテルも受け入れを快諾します。

当時、福島市に準備された避難所（体育館）を回ってわかったことは避難所にたどり着いた多くが、慢性疾患の治療者であり継続した服薬者だったことです。避難指示は土日（三月一二日、一三日）という公的医療機関の休診日を挟んで突発的に出されたものであり、避難者はそれが長期になることを知らないままに、残余の薬をあわてて持って逃げてきた人たちでした。避難者によっては検査とか手術とかの予定があった方々もあり、身体の訴えを未解決なままにして避難所入りを余儀なくされたのでした。

糖尿病治療や甲状腺ホルモン剤などの中断は、直ちに危険な状態になることも当然のことであり、逆に摂食量が不足ならば低血糖の危険すらあったのです。服用の継続は喫緊の課題であり、わたしたちは自費負担免除がすぐに必要になることがわかったのでした。行政への要請、医療機関へのアクセス、医療機関マップの作成、車の燃料の調達などは食糧支援、衣類支援と合わせて当面の重要問題でした。

徘徊する認知症のお年寄りを抱えている避難者家族もおられ、段ボールで仕切っただけの「我が家」からは一人で出てゆこうとします。体育館では長期はおろか、ごく短期間の生活も無理でした。ソーシャルワーカー、行政担当者、自発的な医師、薬剤師などが緊急避難的に救出せざるを得なかったのです。大きな体育館にはストーブが複数おかれていても、つねに開放された空間

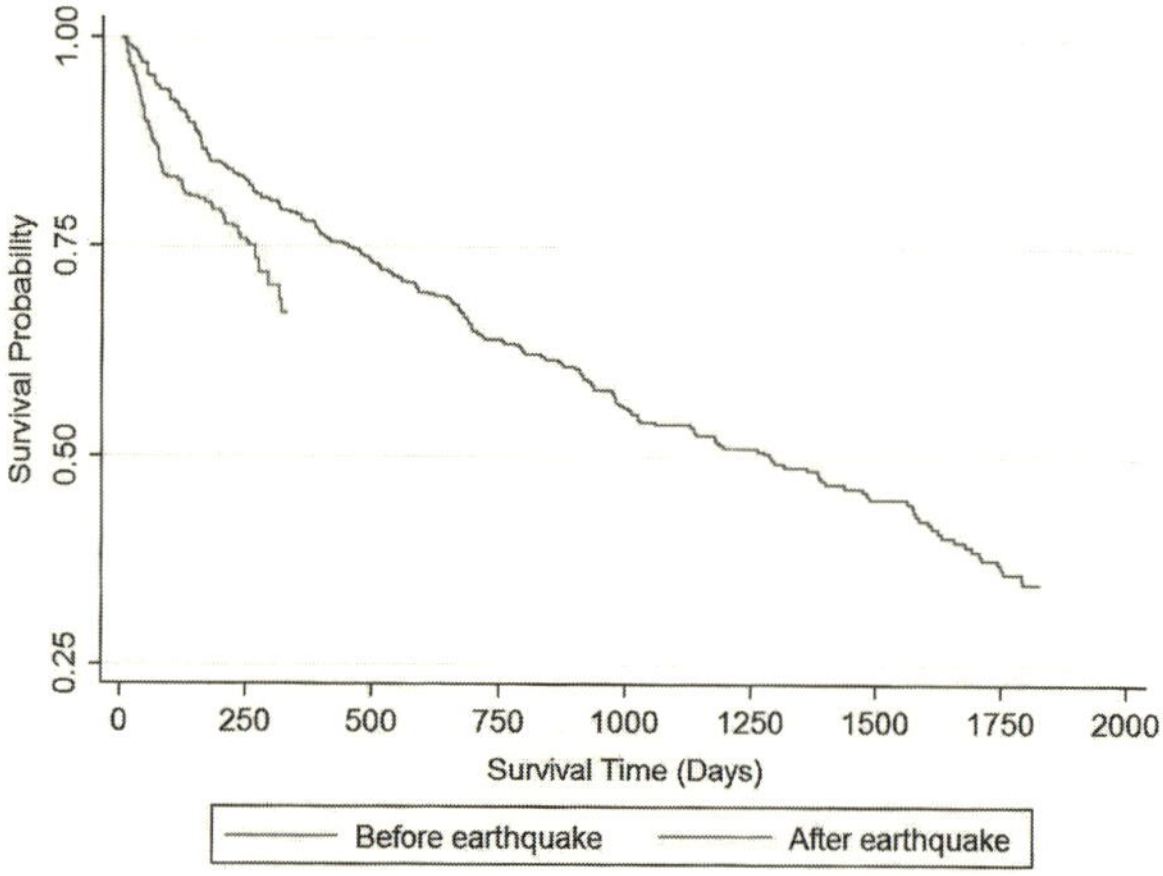

であり寒さを防ぐことはできず、皆が着衣のままでの睡眠です。病人、高齢者において十分な保温をとることは困難と見えました。また段ボール間仕切りの生活が一～二週間にも及べばプライバシーの問題がすぐに生じます。とくに女性においては、背の低い間仕切りの「塀」では「塀」にならず、多くの男性の目を気にして生活しなければなりません。それは極度の心理的緊張を強い、年齢を問わず出てくる問題であり、精神的苦役以外の何物でもなかったと言えました。

一つの調査記録があります（上図）。高齢者の生活において十分な保温と食事がいかに大切かを教えてくれる論文です。被災後一年間を振り返った学術報告です。南相馬市の五つの特別養護老人施設に入所していた高齢者について、そこから原発事故後に避難した三二八名について調べたものです（S.Nomura PloS

ONE8(3),2013)。

避難の過程で高齢者に著明な負荷がかかり、その結果亡くなるのは医師として普通に理解できることです。しかしいったいどの程度の負荷で、どの程度の死亡に直結するのかの立証はなかなか困難と言えます。いわば避難に伴う死の早期化をどのように立証するかは困難なのです。図の上の線は三二八名が震災前までに住んでいた施設において過去五年間に調べられた生存曲線です。いわば平常時の生存曲線です。下の線は原発事故で避難した三二八名のその後の生存曲線です。図の縦軸は生存率で経過とともに死亡してゆきますので、生存率が低下してくることを示しています。調査時点の生存者数を一・〇〇（一〇〇％）として〇・七五（七五％）ならば、二五％が死亡し、七五％が生存していることを示します。

下の線は約一年間（三〇〇日）まで見たものですが、同期間での比較で上の線よりも低下が強いことを示しています。約二・七倍の死亡率としています。もちろん三二八名が亡くなった場所は避難した先の施設なのですが、著者らは更に、三二八名を「もとの施設」別で分けてそれぞれの死亡の早さを比較したのです。そうすると避難したあとでなくなった方々の死亡の早さは（生存率の低下の早さ、予後の悪さは）、「もとの施設」別できれいに差が出たのでした。つまり死亡の早さは「避難した先の施設」の違いではなく、避難する前の施設の違いでした。

これはどういうことか。謎は実際に避難するまでに指示されていた「屋内退避」に問題があったのです。一層予後不良だった方々は屋内退避の期間、食事提供が不十分であった施設で、昼食の外注先が避難してしまったため昼食を提供できなかった施設にいました。また暖房が提供できなかった施設も予後不良を示していました。これは屋内退避地域のため、つまり呼吸による内部被ばくを回避するため、外気が関係する暖房設備が利用できなかった施設でした。このようにして、もっとも予後不良となった方々の場合、死亡率を、100 person-yearsという母数で見た場合（一年間一〇〇人がそこにいる母数とした場合の意味で、同一の一〇〇人が二年間にわたれば200 person-years）、事故前一三・九七人、事故後五四・七五人と、その相対リスクは三・九二（二・三六―六・五七、95％ＣＩ）となっていました。統計的に有意の増加となりました。

この調査が教えたことは、介護を要する高齢者においては、たとえ短期間であったとしても、食事と暖房の違いが生死を分ける場合があるということでした。しかもそれは約一年間にわたって生存率の低下にあらわれることを示したのでした。驚きでした。避難指示区域からの避難者は避難直後の一定期間、体育館生活に見られるように栄養管理と保温が劣悪な状況に置かれました。たとえ避難時は元気な高齢者であったとしても、その後の死期を早めることは、このような調査からも理解されたのでした。

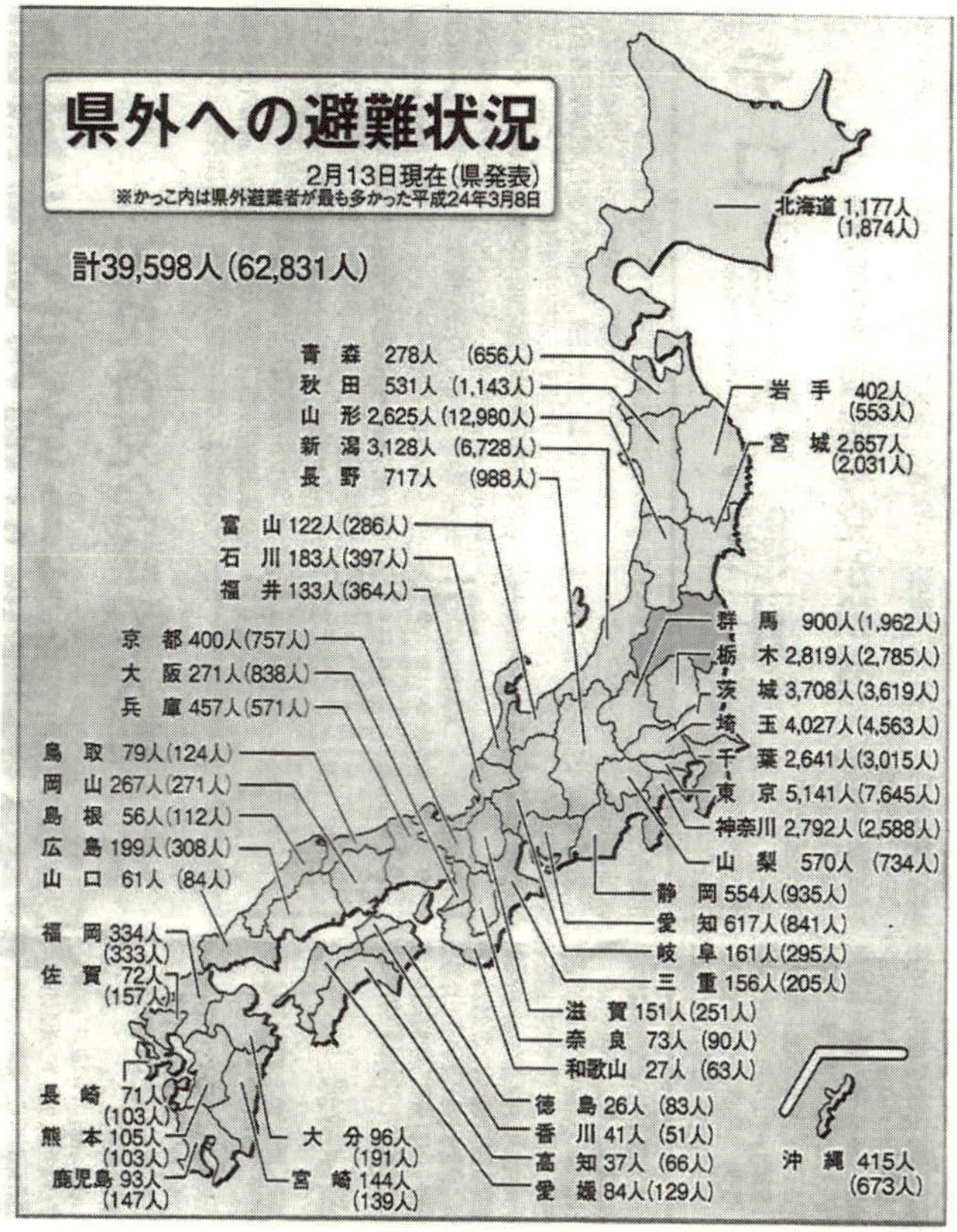

全国への避難

複島第一原発事故における避難状況が、阪神淡路大震災とも異なり、岩手県、宮城県とも決定的に異なるのは、全国に自主的に避難された方々の大量発生でした。正確な数字の把握は事故からの経過とともに困難となりますが、上図は福島県の資料をもとに示された県外避難者数で、二〇一七年二月一三日報告のものです（福島民報二〇一七年三月三日）。関東圏（埼玉、千葉、神奈川、東京）がもっとも多く一万四六〇一人で、全県外避難者三万九五九八人の三六・九％を占めています。

ここからは、仕事の確保をもとめて集中したことがうかがえますが、都市には都市の生活苦があります。労働環境や医療、福祉環境が必ずしも確保されているものでもありません。避難者であることが子どもに対する差別を生んでいることは報道のとおりです。子どもの貧困化も都市生活者において深刻なものとなっていますが、そのような経済格差化が避難者だけを回避することはありません。福島県、あるいは居住地の行政から特例的施策が必ずしも担保されているものでもありません。

そのようなことも反映して、現在も少しずつ福島県への帰還者が続いています。なお、二〇一七年三月時点での一八歳以下の子どもの避難者が約二万人おり、県内に一万人強、県外に一万人弱とみられています。とはいえ、この七年間の経過によって、もはや一定数は県外に定住することになると見られます。あらためて振り返れば、福島第一原発事故は大量の家族分断、家族離散を強いた史上最大の大事件であった言えます。

県外に離れた避難者の人生や健康がどのようなものであったかは、現時点で明確にはされていません。それはまだ被害が進行中であり、その克服の途上にあることを考慮すれば当然のことと言えます。後述しますが、全国で避難者訴訟が起こされ継続していることを見れば、県外避難者の苦しみがなお現実のものとしてあり、訴訟を通じてその一端が明らかにされつつあるとも言えます。

2　原発事故関連死

福島第一原発事故が死につながったと考えられた方々の死亡について、地元では原発関連死とよんでいます。これは二〇一二年八月二一日、復興庁が三県（岩手、宮城、福島）における震災関連死の数を一五九〇名と発表したことに始まっています（上表、全国：一六三二名）。

東日本大震災における
震災関連死の死者数（都道府県別）
（平成24年3月31日現在）

（人）

都道府県	震災関連死の死者数
岩手県	193
宮城県	636
山形県	1
福島県	761
茨城県	32
埼玉県	1
千葉県	3
東京都	1
神奈川県	1
長野県	3
合計	1,632

※注１　平成24年3月31日までに把握できた数。
注２　数値の精査の結果、平成24年4月27日に公表した「東日本大震災における震災関連死の死者数（速報値）」から、一部の県で数値の変動がある。
注３　本調査は、各都道府県を通じて市区町村に照会し、回答を得たもの。
注４　「震災関連死の死者」とは、「東日本大震災による負傷の悪化等により亡くなられた方で、災害弔慰金の支給等に関する法律に基づき、当該災害弔慰金の支給対象となった方」と定義。（実際には支給されていない方も含む。）

内訳は岩手県と宮城県を合わせて八二九名、福島県七六一名と報告されています。二〇一二年三月末時点での数字です。

そのうち、岩手・宮城県の五二九名、福島県の七三四名（計一二六三名）は年齢別、原因別等、精査の対象と

死亡時年齢区分　（人）

	0～9歳	10～	20～	30～	40～	50～	60～	70～	80～	90～	100～	不明	合計
岩手県及び宮城県	1			3	8	20	53	102	239	96	7		529
福島県			2	2	7	13	59	136	310	188	16	1	734
合計	1		2	5	15	33	112	238	549	284	23	1	1263

1,206人（約95％）

原因区分表（複数選択）　（件数）

	1-1 病院の機能停止による初期治療の遅れ	1-2 病院の機能停止（転院を含む）による既往症の増悪	1-3 交通事情等による初期治療の遅れ	2 避難所等への移動中の肉体・精神的疲労
岩手県及び宮城県	39	97	13	21
福島県	51	186	4	380
合計	90	283	17	401

	3 避難所等における生活の肉体・精神的疲労	4-1 地震・津波のストレスによる肉体・精神的疲労	4-2 原発事故のストレスによる肉体・精神的疲労	5-1 救助・救護活動等の激務	5-2 多量の塵灰の吸引	6-1 その他	6-2 不明	合計
岩手県及び宮城県	205	112	1	1		110	65	664
福島県	433	38	33			105	56	1,286
合計	638	150	34	1		215	121	1,950

（備考）1. 市町村からの提供資料（死亡診断書、災害弔慰金支給審査委員会で活用された経緯書等）を基に、復興庁において情報を整理し、原因と考えられるものを複数選択。

なっています。表の上が年齢別です。少しわかりづらい表になっていますが、年齢構成を見ると六〇歳以上が一二〇六名と全体の九五％を占めています。福島県の場合を見ても六〇歳以上の比率はさらに高く七〇九名、九七％なっています。

原因別に分類した下の表は、関連死の理由を複数回答で尋ねたもので（のべ総数、岩手・宮城六六四名、福島一二八六名）、これを見ると岩手・宮城県の場合と福島県の場合の違いが浮き彫りとなります。避難生活における肉体的・精神的疲労（3の欄）はそれぞれ三〇・九％（205／664）、三三・七％（433／1286）とほぼ同率ですが、移動中の肉体的・精神的疲労（2の欄）によるものは、岩手・宮城県で三・二％

（21／664）、福島県で二九・五％（380／1286）とおおきく異なります。避難途中、避難所生活の両方の比率を合算して、避難による心身の疲労全体として見た場合、岩手・宮城県三四・一％、福島県六三・二％と違いが際立ちます。震災事故関連死から伺われる原発事故被災者の死亡率の高さは、避難所のある「遠方へ、遠方へ」と逃避行を余儀なくされたことと無縁とは言えません。その後の関連死の推移をもう少し追って見ます。

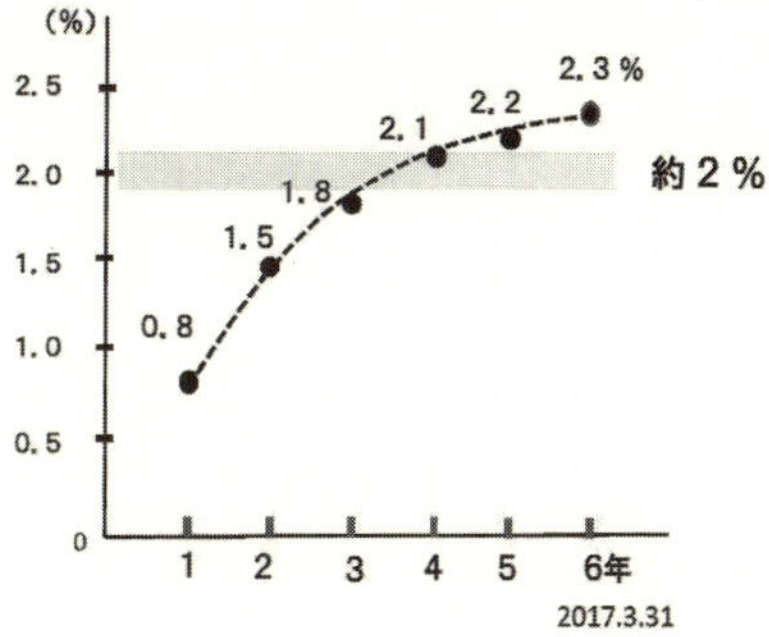

震災関連死の判定は各自治体で行われていますが、震災（原発事故）から長期間経過したあとになってからの判定は困難になります。しかし、少なくとも事故後、故郷を追われたことが契機となってその後体調不良が起きたものであり、避難の過程での身体的、精神的負の連鎖、例えば回復の遅延、ADLの低下、寡黙・反応鈍麻、臥床傾向、摂食不良、易感染性、等から死の転帰をとるものならば、震災関連死と見定めるのは臨床的に必ずしも困難ではないのです。

上図は事故時避難指示をうけた地域（田村市、南相馬市、楢葉町、富岡町、川内村、大熊町、双葉町、浪江町、葛尾村、飯舘村）

震災関連死者の積算推移　2017.3.31

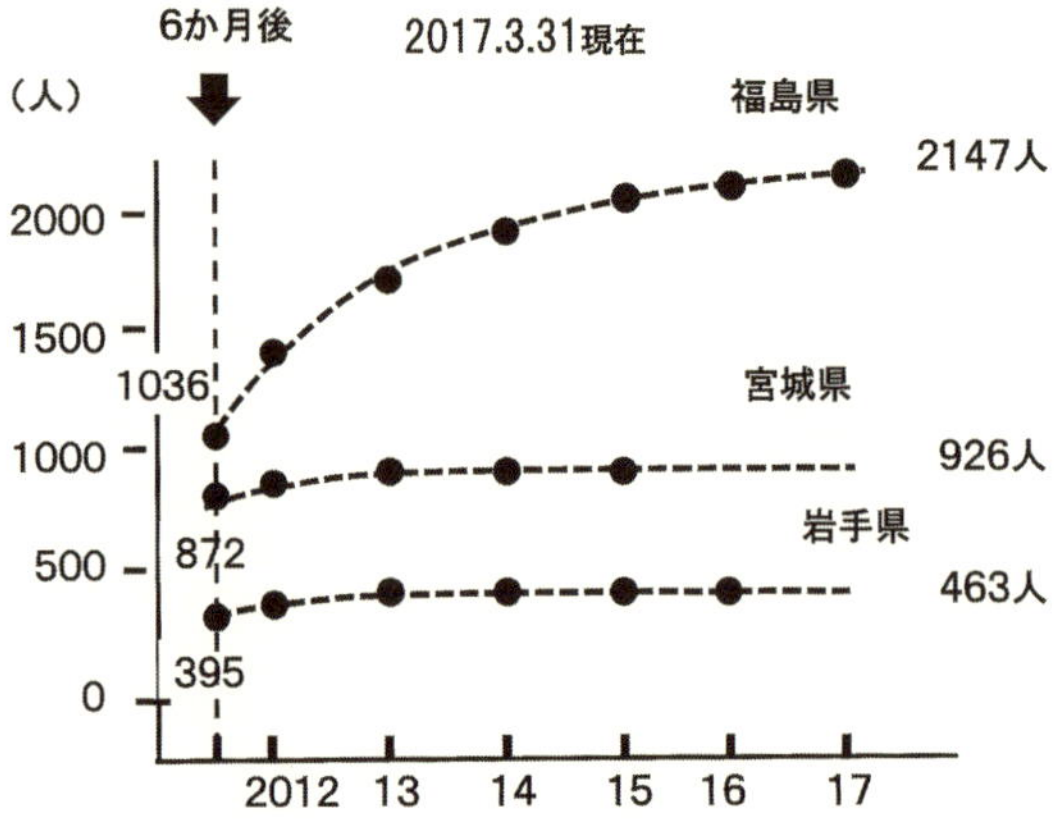

で避難指示をうけた地域の人口を分母として、そこから原発事故後発生した原発事故関連死の積算比率を見たものです。自治体避難地域の人口が約八万人（八万二七二〇人）ですが、そこから復興庁が最初に発表した時の震災関連死、六五一名を起点として、毎年の関連死数を積算すると図のような関連死率の積算曲線が描けます。二〇一七年三月三一日現在の死亡数は一八六九名でした。この図から理解されることは、事故から約三年経る時点で関連死率は全体の二%に達するということです。そこからはほぼ横ばいになっていきます。関連死の九〇%以上は六五歳以上となっています。

　復興庁資料から三県全体の推移をみることができます。関連死の数は、市町村から報告の遅れた事例が新しく加わってくるため、それまでの報告数が変化しています。右の図は二〇一七年三月三一日現在の数値をもとに作図したものです。岩手県、宮城県の震災関連死死亡者数の積算曲線は福島県と著しい違いを示しています。岩手・宮城県の場合は震災直後の避難に伴う死亡がほとんどであり、一方福島県における関連死は避難生活そのものの中から発生していることが分かります。自然災害での故郷喪失と放射線汚染による故郷喪失の影響の違いが強く示唆されます。

事故後、全国の原発立地自治体では原発から三〇キロ圏内において避難者数を推計しています。例えば鹿児島川内原発は福島の場合とほぼ同様に約二〇万人としています。静岡の浜岡原発は約六〇万人もの避難者数を推計しています。事故関連死率を決定する要因のもっとも大きいのは高齢者率とみられますが、福島原発事故の現実を踏まえていえば、それに附随する要因は家族離散率と仮設入居期間の長期化と言えます。かりに同じ程度の過酷事故が生じ、その他の要因が同じだとした場合、事故三年目で川内原発では約四〇〇〇人（二〇万人の二%）、同様に浜岡原発の場合は一万二〇〇〇人が死亡することになります。原発事故の起因が南海トラフ大震災なのか、火山によるものか、検討がつきませんが、いずれにしても現場から避難しえたとしても、避難生活の過程で死亡する人数を軽視することは全くできません。

なお、原発事故に備えた避難計画策定が義務付けられた原発三〇キロ圏内の一三五市町村は、不十分ながらも、避難と屋内退避の二本立ての避難計画を策定し始めています。しかし地震発生時、狭い平地や斜面に密集している集落は孤立すると考えられており、しかもヘリの離着陸ができない集落がほとんどとされています。さらに三〇キロ圏内に屋内退避が指示された場合、孤立するとみられる集落において公民館、集会所などで食糧や水の備蓄のないのも九〇％を超えると報じられています（2015年5月25日、毎日新聞）。福島第一原発事故後の教訓として対策が講じられるなかでなおいっそう理解されることは、避難の困難性であり、原発事故後関連死を増加させる不可避性と言えます。

3　仮設入居

避難者の住居の形態は仮設住宅、借り上げ住宅、公営住宅の三つです。福島県の場合、仮設住宅入居者数が行政の統計で初めて示されたのが二〇一一年七月三〇日集計のもので、一万七三三九人でした。借り上げ住居の入居人数が初めて示されたのが二〇一一年九月二九日集計の五万八五五四人です。公営住宅の入居人数が初めて示されるのが二〇一一年一二月二七日の一四一一人です。二〇一一年一二月二七日時点で避難者総計をみると、九万五七九九人となります。約一〇万人弱が避難指示による避難者と大まかに見ることができます。その後、自主的避難者も含めて、福島県原発事故関連の避難者は約一六万人と見積もられました。

仮設入居者が三万人を超すのが二〇一一年一一月二九日（事故から〇・七年後）で、三万五三八人、一万二七一五世帯で、準備された仮設戸数一万五七七九戸中、入居率は八〇・六％でした。避難生活の困難さは借り上げ住宅でも公営住宅でも一定共通しますが、仮設入居者のつらさは特別なものがありました。仮設入居からの脱却が避難生活からの脱却とはなりませんが、生活の質の一つの転換と見ることができます。

福島県避難者仮設入居人数推移

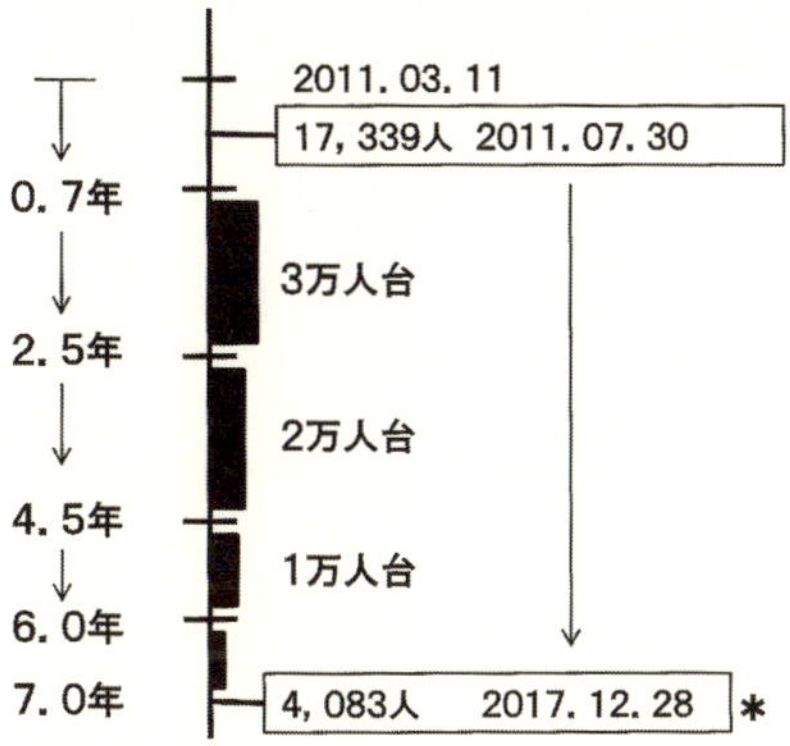

福島県災害対策本部　（齋藤作図）
＊）応急仮設供与終了部分は含まれていない

　仮設入居者が三万人を切る（二万九七三八人）のが二〇一三年九月二六日（事故二・五年後）、二万人を切る（一万九八一八人）のが二〇一五年一〇月三〇日（事故四・五年後）、一万人を切る（七七二七人）のが二〇一七年四月二八日で

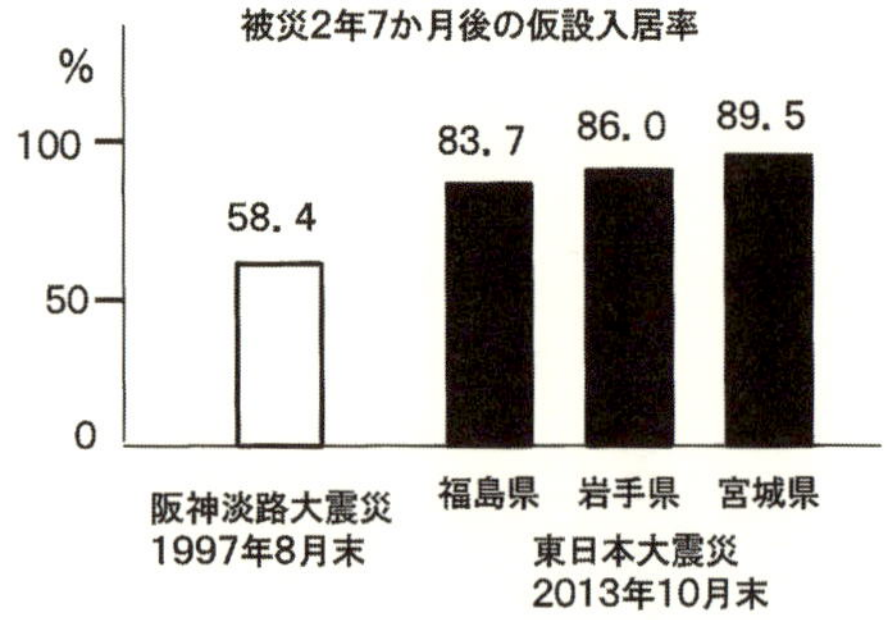

す。従って仮設生活三万人台が約二年間、二万人台が約一年間、一万人台が一年八か月となります。二〇一七年一二月二八日現在、仮設入居者数は四〇八三人となっています。

仮設入居の比率（準備された戸数に対する入居戸数率）を阪神淡路大震災の時と比較することができます。阪神淡路大震災のあと二年七か月の時点（１９９７年８月末）の入居率は五八・四%でしたが、東日本大震災後二年七か月時点（２０１３年10月末）の入居率は三県とも八〇%以上を占めています（福島民報２０１３年12月４日より作図）。一概には両者の復興率の指標にはなりませんが、三県での入居率は高く、例えば福島での仮設入居率が約五〇%台に低下するのは、原発事故から五年後となります。二〇一六年五月三一日の時点で、仮設入居戸数は八八五五戸（入居者数一万六七九一人）だったのですが、準備されている仮設戸数が一万五七五八戸だったので、入居率は五六・二%だったのです。

阪神淡路大震災の場合では、震災から五年後には、仮設入居はなくなります。この点だけから言えば、少なくとも福島の場合、住居環境からみた復興の遅れは歴然と言えます。ここには原発事故避難者の一定数においては、入居したまま動きがとれなくなっていく様子がみてとれます。今まで同居していた若者世代との新たな離散も、このような社会的金縛りに大きく影響していると見ざるを得ません。

仮設住宅はおおむね二年間の生活を考慮し建てられたものです。現在、七たびの夏、七たびの冬を超えました。避難生活の長期化は仮設住宅の経年劣化に直結します。震度三や震度四の地震は事故後、平常のこととなっています。シロアリの発生、基礎くいの腐食、建物の傾斜、建具の歪み、カビの発生は想像に難くありません。福島県は二〇一六年六月から一一月、一万五三二六戸、三四五八棟、一七〇団地を調査し、二〇一五年は一三〇一棟（一五一戸、一〇五団地）で、二〇一六年は九六一棟（一二〇戸、八三団地）で様々な不具合を確認しています。仮設住居の劣化は避難者の不健康に直結する問題と言えます。

4　避難者の健康障害

仮設に入居した方たちの健康問題を考える前に、仮設住居そのものについてふれます。

多くの仮設住宅がそうであるように、避難者が大集団であるほど戸数規模に適合する立地場所は限られてきます。どうしても周囲と隔絶した広い空地に建てられることになります。どこも共通して砂利を敷き詰め整地し、プレハブの仮設が建てられました。その家屋集合体は遠くから見ても、その場所に立っても、周囲との隔絶感は避けがたく、これまで自然や近隣地域との豊かな交流のなかで暮らしてきた人たちにとっては、そこに「収容された」との感覚は軽微とは言えませんでした。

わたしは避難者が入居し始めてしばらくたったある日、福島市にある仮設を尋ねました。個々の家に表札はなく、電話もなく、全体に人の姿はなく、不思議な静けさが強く印象として残ったのでした。一人の方の家にあげてもらい話をうかがいました。個々の住居は「連結」していても「隣人」は形成されておらず、逆に身構えすら感じられたのでした。自治会が形成されていないことが不思議でしたが、考えてみれば当たり前であったかもしれません。仮設は仮の住まいに過ぎなかったからです。その後自治会が少しずつつくられ、福島市の仮設住宅全体の「連合自治会」の形成が報じられたのは、事故から一年二か月後、二〇一二年五月二一日でした。わたしは心から喜びました。仮設住宅においても人間的な感覚、共同の取り組みが戻ると思ったためでした。

わたしは事故直後から避難指示までの期間、避難者の地元に幾度となく足を運んでいました。住まいは自然の木立のなかにあり、田畑、里山、そして田舎道の豊かな湾曲とともにありました。他方、連結され並べられた仮設家屋は率直に言えば、雨露をしのぐものとしてつくられたもので、最低限の家電が準備されているのは確かにありがたいと思うのですが、何とも耐え難いのです。その居住には先祖からの歴史も息づかいもないのです。避難者においては先祖の息づかいは幼少のころからの普通の空気でした。家々の梁も間取りも先祖の生活の匂いでした。仮設周囲には田畑も牧舎も、隣につながる道の勾配もありません。立ち昇る記憶のかたまりがないのです。過去からの支えがないのです。四季がめぐってもそれに応ずる作業がないのです。

福島第一原発事故により避難し仮設に入居した人たちにとって、もっとも辛かったことは「今は何もすることが無い」ということでした。それは避難が強いられ、生きることの具体的な形を奪われたことでした。避難者は怠惰を望んだわけでもなく、居直りを決め込んだわけでもありません。いきいきとした生活を常に求めていたのです。しかし仮設での長期の時間は緊張と不安と不活発を避難者にかぶせたと言えるのです。

仮設入居後の避難者の変化

一つの論文を紹介します。避難からかなり早期において、どのような身体の変化が避難者の上に来たのかを示すものです。「東日本大震災後の代謝性変化――後ろ向き観察研究」（S.Tsubokura BMC public health .13:267-276,2013）というもので、相馬市の仮設住宅に避難した人たちについて解析したものです。

福島県相馬市は大震災の直撃と九メートルを超す津波の襲来をうけ、四〇〇名をこす直接死、一〇〇〇戸以上の建物崩壊がもたらされました。さらに約四〇キロの至近にある第一原発から放出された放射性プルームが、西側に隣接する飯舘村を中心に、南相馬市―相馬市の西端をとおり過ぎたのでした。しかし相馬市は南相馬市と違い避難指示はだされませんでした。仮設住宅は砂利を敷き詰めたうえに組み立てたもので、家族数によって広さが二〇㎡（一～三人）と四〇㎡（四～五人）の二種類があります。論文の中で対象となった入居住民は、相馬市沿岸から津波被災で逃げて来た者と、計画的避難区域の飯舘村から放射線被ばくを回避するために避難してきた者、その双方が含まれていました。その中で被災の前後で健康管理データがそろっていて、突き合わせることが可能であった二〇〇名（被災前後の同一人）が解析されました。津波被災者を津波群

（一〇八人）、放射線被ばく避難者を放射線群（九二人）としての比較です。重要なことは震災前後の比較の時期ですが二〇一〇年九月（一〇月）と震災後二〇一一年九月との比較で、仮設入所後ごく短期間の変化をみごとにとらえたものなのです。

二〇〇名の入居者は両群で六五歳以上群（％）に差なく、避難前の体重、ＢＭＩ、腹囲に差なく、血圧も津波群１３２／７８㎜Hg、放射線群１３０／７９㎜Hgと正常です。

避難後、二〇〇名は津波群も放射線群も全体として体重〇・六kg増加（P＜0.01）、ＢＭＩ〇・二増加（P＜0.05）、腹囲一・五cm増加（P＜0.01）となっています。血圧は入居者全体としての増加は見られませんが、放射線群は最高血圧四㎜Hg増加、最低血圧二㎜Hg増加が示され、津波群と比較しそれぞれP＜0.01でその増加は有意であることを示しました。

両群から新規にクリニック通院患者になった比率は津波群八・三％、放射線群二一・七％と放射線群が二・六倍と有意に多く見られています（P＝0.007）。さらに驚くのは新規通院放射線群の八五％が服用を伴う新規高血圧患者だったことでした。阪神淡路大震災の時、活断層の上で強い揺れと家屋崩壊を経験した集団では、血圧は地震から一週間後に有意に上昇し、しかし五週目以降には前値に戻ることが知られています（K.Saito et al. Am J Hypertension 10：217-221,1997）。津波群や放射線群に避難直後に血圧上昇が見られていたかどうかは確認されていません。しかし被災から六か月後（2011年9月）の調査時点で津波群に確認されなくなっている血圧上昇が、放射線群になお有意に確認され投薬を受けるほどになっているのです。原発事故特有の持続的な負荷とは何なのでしょうか。

さて糖尿病ですが、二〇〇名全体としてはHbA1c増加が〇・二％と有意の増加が見られました（P＜0.01）。全体の平均としては正常範囲内での変化ですが、体重、腹囲の増加傾向も合わせてみれば、十分に理解される変化でした。

避難者の不健康の背景

その後、大集団の調査結果が福島県県民健康管理調査から示され、避難者におけるメタボリック症候群の増加が明確となりました（S.Hashimoto et al. J Atheroscler Thromb 24:327-337,2017）。著者らは八五四七名の調査から、年齢、性、腹囲、運動習慣、アルコール摂取などを補正したうえで見ると、避難者における被災後のメタボリック症候群発症のリスクは、一・七二（オッズ比、95％信頼区間 1.46-2.02）と示されました。高血圧についても同じ調査結果から、避難者とくに男性においては、年齢を補正したうえで一・二四倍と示されました。（ハザード比、九五％信頼区間、一・一一一・三九、P<0.001）。このリスクは年齢、ＢＭＩ、アルコール摂取、喫煙、活動性、最高血圧、

食事摂取状況、睡眠状態などを補正したあとでリスクは若干低下するも、ハザード比は一・二〇と有意性は変わらなかったのでした。

国内では阪神淡路大震災、外国ではアメリカのハリケーン被害などの大災害時の住民の健康被害をめぐってはこれまで糖尿病、高血圧、循環器疾患などが共通して報告されてきました。被災が生活をこわし心身のストレスを高めることなどから、それらの結果は理解されるものです。

県民健康管理調査からもう一つの重要な報告を紹介します。それは避難者においては多血症の頻度が増加するというものです（A.Sakai et al. BMC Public Health 14:1318,2014）。震災前後で比較可能であったものを対象として避難者七四四六名、非避難者三二七二名、年齢四〇歳～九〇歳群の解析です。避難者（男女）では、被災後、年齢、喫煙、アルコール摂取、ＢＭＩ、元のヘモグロビン値で補正しても多血症の頻度は有意に増加したことを示したのです。調査者らが補正した因子の多くは多血症の要因なのですが、福島第一原発事故被災者の避難生活は、多血症を発症させる独立した因子である可能性を示唆しています。

さらに東日本大震災後、心筋梗塞、心不全の増加が知られていましたが、震災の前後で心電図がフォローできた一万二四一〇人による解析が示されています（H.Suzuki et al.Int J Cardiol 198:102-105,2015）。男五七〇四名、女六七〇六名、四〇—九〇歳で見ると、不整脈の一つで、脳梗塞（脳塞栓）などの原因となる心房細動の比率が震災前（２００８―２０１０年）の一・九％から震災後（２０１１―２０１３年）には二・四％に増加していました（$P < 0.001$）。
避難者の不健康の背景が非常にひろいことが示唆されます。

孤独死

仮設入所の生活が長くなると、それまで同居していた家族が、仕事の関係、あるいは進学などで出てゆくことが当然に生じます。また配偶者の死去も考えられます。仮設生活の長期化は必然的に高齢化率と一人暮らし率の増加をもたらします。三県での孤独死の状況が新聞報道されています。震災後の五年間で孤独死一九〇人でしたが、男性が七二・一％を占め、六五歳未満が四二・六％と報じられました。入居者数の絶対数では宮城県が最も多いこともあって、孤独死の数は宮城が最多となっています。福島は約六〇人です。

仮設での一人暮らしが孤独死につながる背景ですが、いろいろ考えさせられます。孤独死とは死後何日間も気がつかれず遺体として発見される場合をさしています。日常診療の場では老人に限らず一人暮らしの人間において経験されるものです。臨床医学的には致死的心疾患、重度脳血管障害などが突発的に発症し、自力では連絡できない状態において死亡する場合です。高血圧、脂質異常、糖尿病などの複合的病態であるメタボリック症候群は、孤独死の背景疾患と言えます。コントロール不良の糖尿病は自律神経系の不安定から致死的不整脈を発症させる可能性が高くなります。わたしは少なからずの孤独死に糖尿病の存在を経験してきました。原発事故避難者に見られる代謝性変化（糖尿病、脂質異常症）や多血症傾向は被災者の孤独死と無縁とは言えなくなります。

孤独死の臨床医学上の問題にふれましたが、仮設での一人暮らしでもっとも重要な問題は、臨人との交流や声掛け合いが途絶えがちになることです。日々の楽しみが乏しくなることです。医療機関との接点も極めて細くなります。最期には自分を知る人とともに居たいと誰もが思います。肉体の死は個の問題ですが、人間の死は個の問題ではありません。どの人間においても孤独死を自然な死と見ることはできません。

少なからずの孤独死を見てきてふと気が付くことがあります。なかにはそばの電話に手を伸ばそうとした気配もなく、けっして着衣の乱れもなく布団や畳に横たわる姿です。静かな姿態とも言えます。原発事故避難者の孤独な死が、「原発事故で失ったものはもういいのだ……」と内奥の心の律動を失った果てのものとしたら、つらいことです。その思いを家族が聞くことができたならば、家族にとってそれは過酷と言わざるを得ません。

第九章　福島第一原発事故と線量

1　高汚染地域の存在

福島第一原発事故は福島県を広範囲に汚染しました。文科省が二〇一一年四月に測定し公表した汚染地図には、すでに北西方向の飯舘村、川俣町一部が濃厚な汚染状態にあることが示されています。

当初、飯舘村と川俣町山木屋は避難対象ではなく屋内退避とされていました。しかし四月に入り一部の新聞は「三〇キロ圏外に高汚染地点」と報じ（朝日新聞2011年4月8日）、土壌線量が予想以上に高いことを明らかにしたのでした。それは京都大学と広島大学らの研究者らによる報告で、三か月で積算線量が九五ミリシーベルトに達する地域があることを指摘したのでした。

実はその前、三月三〇日時点で、三月一八日から二六日までに政府が採取した原発から二五キロ～五八キロの九自治体の土壌をＩＡＥＡ（国際原子力機関）が調べており、原発から四〇キロの飯舘村で二〇〇〇キロベクレル／㎡の汚染状況を検出していたのでした（二〇〇万ベクレル／㎡）。この線量は、汚染地図では黄色となる地域であり、避難指示に相当していました。ＩＡＥＡの指摘に対して政府は「避難の必要はなし」としていました。それを受けて飯舘村村長は、「避難したら村が成り立たないので体が震える報道だったが安心した」と応じています（福島民報２０１１年４月１日）。しかし政府は四月一一日、一転して飯舘を「計画的避難区域」に指定し、五月一五日をめどに避難開始を指示したのでした。村長の苦悩からいみじくも理解できることは、原発事故は人の健康をとって自治体の崩壊を選ぶのか、自治体の存続をとって人の健康を危めるのか、あたかも二者択一の関係で突きつけるということでした。村長に詰め寄り、村長も応戦し、怒号とともに住民の心は二分しました。住民は家にもどり、涙とともに家族のこころも二分したのでした。

わたしは広島大学原爆放射線医科学研究所名誉教授の鎌田七男氏とともに、飯舘村、及び川俣町山木屋における住民の被ばく線量計測のために、二〇一一年五月上旬と五月末に現地に入りました。当時、チェルノブイリ原発事故の経験から、内部被ばくがかなり重大なこととして広まっ

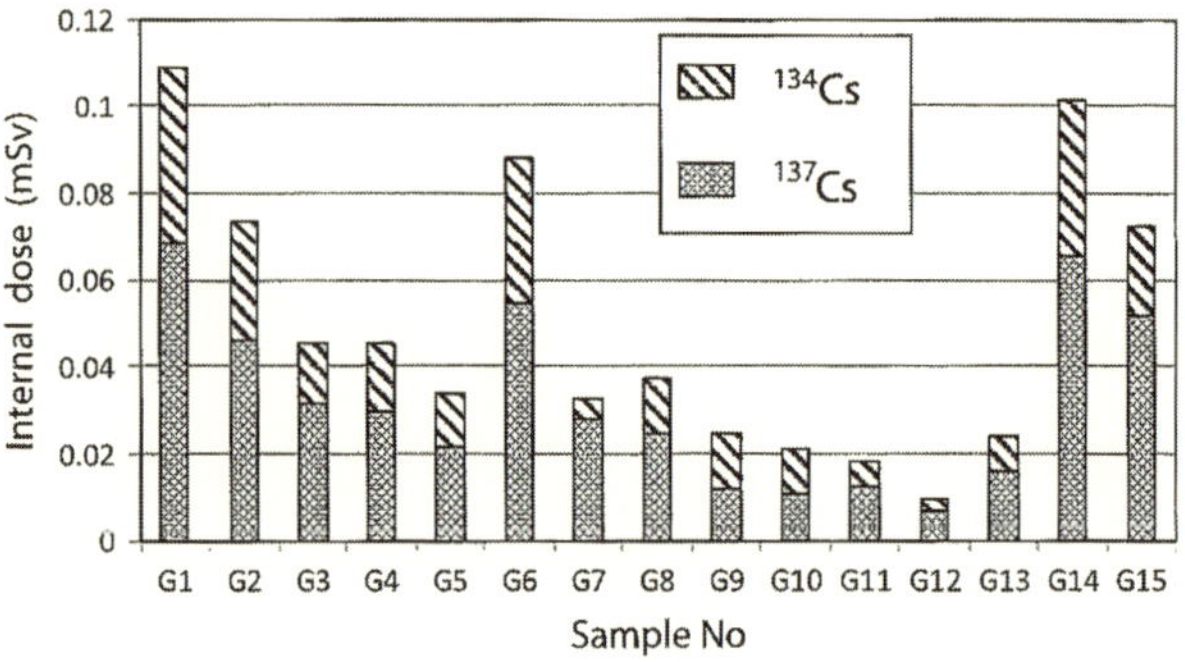

ていました。飯舘村、川俣町山木屋はまだ住民が生活しており、わたしたちは放射性セシウム１３７、放射性セシウム１３４の外部被ばく線量、及び内部被ばく線量、さらに放射性ヨウ素１３１の甲状腺被ばく線量を知るために住民のもとに向かったのでした。

わたしたちが用いた方法は、協力していただいた方々の自宅周辺の線量を調べ、またその方々が動いた範囲における土壌線量の情報をつかむことで、外部被ばく線量（実効線量）をえること、さらに尿をいただきその中に含まれる放射性セシウム１３７、放射性セシウム１３４、放射性ヨウ素１３１を計測し、生物学的計測法で内部被ばく線量を突き止めることでした。尿中放射性物質の線量計測は、広島大学の専門家で先の「高汚染地域」の存在を明らかにしたスタッフの積極的な協力をいただきました。そのようにして得られたのが上の図でした。右は放射性セシウム（１３７、１３４）の内部被ばく線量（預託実効線量）、

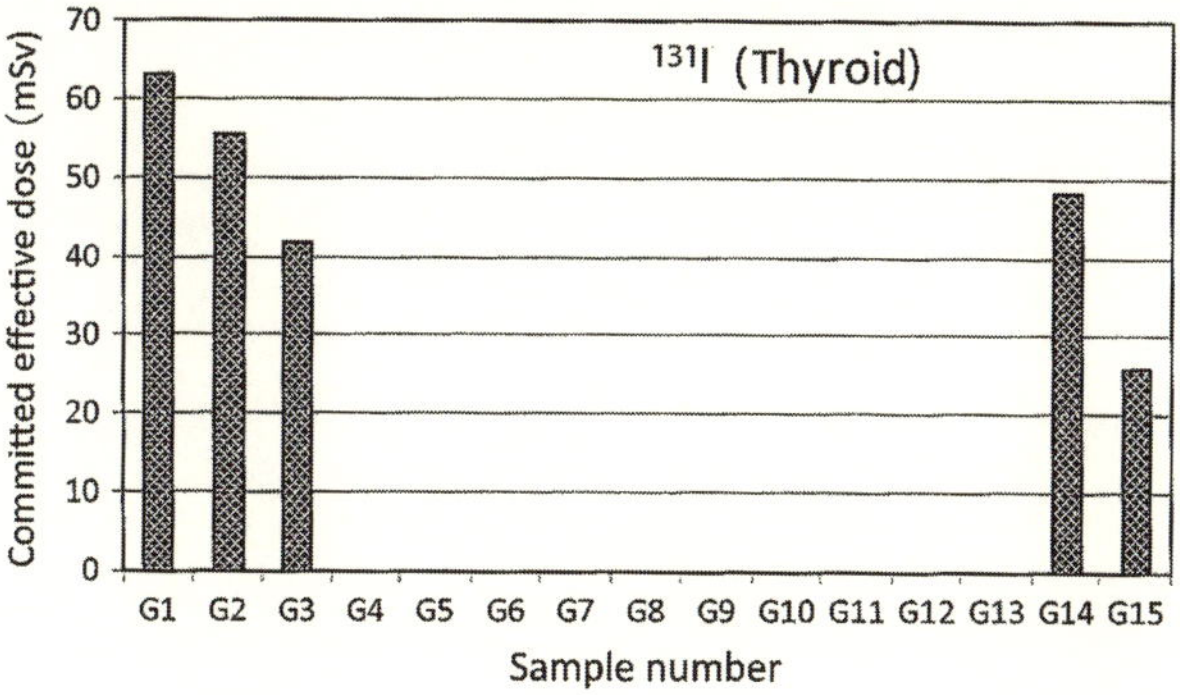

左は放射性ヨウ素１３１の甲状腺被ばく線量（等価線量）です。預託実効線量とは内部に取り入れられた放射性物質が体外に排出されるまで人体は被ばくを受けるものとして、大人で五〇年間、子どもで七〇歳までの期間、被ばくを受けると考えての被ばく線量です。飯舘村、川俣町で協力していただいた方々の放射性セシウム内部被ばく線量は、１３７と１３４を合計して、ほぼ〇・〇二ミリシーベルト〜〇・一ミリシーベルトの範囲であることが分かりました。他方、甲状腺の放射性ヨウ素１３１の被ばく線量は、計測された五例において、二七ミリシーベルト〜六六ミリシーベルトの範囲にありました（N.Kamada et al. J Environ Radioact. 110:84-89,2012)。

調査から次のようなことを知ることができました。

第一は、住民のこの時点における放射性セシウムの外部被ばく線量を、大まかに知り得たことです。提示はしませんが大人は六・六ミリシーベルト〜一一・二ミリシーベルトで、平均八・

四ミリシーベルトでした。子どもは三・九ミリシーベルト〜五・六ミリシーベルトで、平均では五・一ミリシーベルトでした。

第二は、放射性セシウムの内部被ばく量は、預託実効線量として約〇・一ミリシーベルトにとどまっていたことでした。この中には四歳から一四歳の子どもも含まれ、放射性セシウム内部被ばく量の平均値は〇・〇二九ミリシーベルトでした。放射性セシウムの内部被ばくは呼吸と経口からの摂取（食事、飲水）により起きたのですが、その線量はチェルノブイリ事故の場合と比べ比較的微量にとどまったと言えます。大人の平均値は〇・〇五五ミリシーベルトで、子どもの約二倍の内部被ばくでした。

横道にそれますが、わたしたちが現地へ入って測定したあとに、放射線医学総合研究所（千葉）が二〇一一年六月二七日から七月二八日にかけて浪江町、飯舘町、川町町山木屋からの避難者等一七七人について内部被ばく検査をしています。ホールボールカウンターで放射性セシウムの内部被ばくを調べたもので、二〇一七年の国際的学術誌「Health Physics」に報告されています。その方々が二〇キロ圏内にいつまでいたのかも含めて報告されています。検査を受けた方々の九〇パーセンタイル線量（高い方から上位一〇％の線量）は約〇・一ミリシーベルトとされ、九〇％は〇・一ミリシーベルト未満ということでした。二〇キロ圏内に長くいた方のほうが高いということも示されました。放射性セシウム内部被ばく線量は期せずしてわたしたちの結果と近似するものでした。

さてわたしたちの結果の問題にもどります。第三には、放射性ヨウ素131の甲状腺の内部被ばく量です。まず放射性ヨウ素131は半減期が八日であるため、五月上旬においてもすでに計測できない方々もおられました。わたしたちは最初の調査の三週間後（五月末）にも調査に入りました。同じ方々から再度、尿をいただき計測しましたが、この時点で放射性セシウムの計測は可能でしたが、放射性ヨウ素131は誰からも検出されませんでした。つまり福島第一原発事故で放出された放射性ヨウ素131は、二〇一一年五月を境にもはや計測ができない状態となっていたのでした。このことは、二〇一一年六月以降において避難者の放射性ヨウ素131甲状腺被ばく量の追求をしようとすれば、別の方法を考えなければならないことを意味していました。

当初、放射性プルームの流れから（SPEEDI）、避難が遅れた飯舘村や川俣町山木屋の子どもの甲状腺被ばく量は一〇〇ミリシーベルトに達するのではないかと危惧されました。わたしたちがもっとも知りたかったことは、その点の事実確認でした。わたしたちの事例では放射性ヨウ素131に関してはたった五例にとどまりました。しかも子どもは一例のみに検出ができ、大人が四例でした。この小数例では確定的なことは言えませんが、得られた線量評価は一〇〇ミリシーベルトをおおきく下回るものでした。あとは多数事例の報告との比較が残された課題でした。

原発事故後も避難せずに、約三か月間にわたり地元にとどまった計画的避難地域の住民の被ばく線量は大きな意味をもちました。大まかに言えば、この方々は県民が受ける被ばく線量の相対的に高い部分を担ったと言えました。そしてそのレベルがどの程度にあるのかを自分たちの手で知り得たのでした。わたし自身は福島第一原発事故被災者の放射線セシウム内部被ばく量、及び甲状腺被ばく量の大まかな把握ができたことで、この事故における被ばく線量の問題と住民の不安とに関して、医師としての一つの姿勢をえることができたと思いました。

ごく低い線量でも、被災者（避難者）においては深刻な葛藤の生じることは間もなくわかりました。わたしがそのような住民との対話を続ける中で理解していったことは、住民にとっての線量の理解、あるいは客観化、冷静化の過程には多段階の理解の深化が必要だということでした。一ミリシーベルトを安全だと主張するだけでは住民の理解につながらないのです。

後述しますが、住民との対話では一ミリシーベルトを線量と細胞障害（DNA障害）との関係で理解し（細胞レベルでの理解）、次に線量と人体（疾病）との関係で理解し（疫学的知見、人体疾病のレベルでの理解）、次には線量と住民の不安との関係で理解すべきことを指摘してきました（生活のなかでの理解）。このような理解の深化は、人が未体験の困惑から体験の教訓化へ向かう思考に共通のことなのかもしれません。わたし自身の経験の中で気付かされたことでした。

わたしは飯舘村、川俣町山木屋の調査に入り、原発事故で放出された線量を個別の住民の人体のなかに見出し、そのことを本人の自宅を訪ね伝えてきました。その時は、住民とわたしが同時にその線量と葛藤を見つめることになります。帰るときには必ずわたしは、その方の心配とともに歩むことを伝えました。生活の只中に突如登場した「線量」は住民との軋轢、葛藤を通じることでしか制御できないものであり、そこを離れては解決できないこともわかったのでした。

2　福島県民の外部被ばく線量

ＩＲＳＮがインターネットでいち早く公表した人体の被ばく線量は、放射性セシウム１３７と放射性セシウム１３４の土壌汚染から推計し、その地点にじっとしている場合の外部被ばく線量でした。

しかし、それにとどまらず、福島県民個々の被ばく線量を突き止め、県民全体の被ばく線量の分布を明らかにすることが求められていました。そのためには県民の一人ひとりが、事故後、どのような行動をとり、またどのような建物の中におり、またどのように食事や飲水をしていたのか、聞き取り調査が不可欠です。

この作業は手間のかかることであり、実際に応じてくれた県民は対象と考えられる人の約四分の一にとどまっています。それでも各地域、各自治体で生活してきた県民の大まかな被ばく線量の分布がわかりました。

早い時期の結果を表として示します（次頁、福島民報2012年11月19日報道）。この集計は原発事故後、二〇一一年六月までの約四か月間ものですが、なぜ六月かといえば、計画的避難地域の飯舘、川俣町山木屋の住民が避難を終えた時期だからです。つまりこの時期を最後に、避難者は避難しなかった住民と同じ地域（中通地域、会津地域等）で生活することになり、土壌汚染の強い地域から抜け出たことになります。

この集計は二三万三九〇一人の行動調査から得られたものです。ここから見えてきたことは二つです。第一に、地域という視点から見た場合、相対的に外部被ばく量の多い地域住民は相双地域（相馬、南相馬、双葉八町村、飯舘村）の方々であり、他方、会津・南会津、いわき地域の方々の被ばく量が相対的に低くなっていることです。第二に、被ばく線量の視点から見た場合、県民の六七・二％が一ミリシーベルト未満群に入り、八四・七％が二ミリシーベルト未満群に入り、県

積算線量（ミリシーベルト）	全データ（人）			放射線業務従事経験者除く（人）	地域別の累計（人）							放射線業務従事経験者を除く線量別割合（%）
	既推計	今回推計	計		県北（注1）	県中	県南	会津	南会津	相双（注2）	いわき	
～1未満	69,946	87,156	157,102	153,631	21,551	31,953	11,495	25,216	3,002	42,550	17,864	67.2
～2未満	43,321	20,713	64,034	62,754	36,617	15,947	969	84	19	9,009	109	27.5
～3未満	7,025	2,916	9,941	9,731	5,794	2,359	3	0	0	1,567	8	4.3
～4未満	826	149	975	920	227	99	0	1	0	592	1	0.4
～5未満	516	36	552	523	34	3	0	0	0	486	0	0.2
～6未満	412	16	428	393	18	1	0	0	0	374	0	0.2
～7未満	233	9	242	218	5	0	0	0	0	213	0	0.1
～8未満	119	12	131	109	1	0	0	0	0	108	0	0.0
～9未満	93	7	100	76	0	0	0	0	0	76	0	0.0
～10未満	49	6	55	39	0	0	0	0	0	39	0	0.0
～11未満	54	5	59	40	0	0	0	0	0	40	0	0.0
～12未満	33	5	38	29	1	0	0	0	0	28	0	0.0
～13未満	28	4	32	16	0	0	0	0	0	16	0	0.0
～14未満	21	3	24	11	0	0	0	0	0	11	0	0.0
～15未満	14	9	23	10	0	0	0	0	0	10	0	0.0
15以上～	108	57	165	12	0	0	0	0	0	12	0	0.0
計	122,798	111,103	233,901	228,512	64,248	50,362	12,467	25,301	3,021	55,131	17,982	100.0

（注 1）先行地域（※川俣町山木屋地区）を含む

（注 2）先行地域（※浪江町、飯舘村）を含む

資料：福島民報 2012年11月19日付

※割合（%）は線量別に端数処理を行っている

民全体の八九%、つまり約九割は三ミリシーベルト未満に入っていることでした。また最高線量は飯舘村、浪江町を含む相双地域の方で約二五ミリシーベルトとされています。

この表は二〇一二年一一月段階の集計ですが、このあとも行動調査票の提出は進みます。しかしサンプル数に大きな拡大はありませでした。二〇一五年を経た段階で二七・二%(対象者二〇六万人中約五六万人)にとどまっています。これ以上の拡大は諦めざるを得ませんでした。そのような状況で生じる問題は、得られた分布が県民全体の線量分布を代表しているかどうかということです。県民健康管理委員会では一つの調査をしました。県内七か所(県北、県中、県南、会津、南会津、相双、いわき)において行動調査票を提出されなかった方々から無作為に選んだ一定数を個別訪問し、あらためて行動調査票を記入してもらったのです(九九〇人)。そのうえで、すでに得られている線量分布と比較をしたのです。その結果は七地域すべてにおいて両群の分布状況が一致したと判断されました。従ってこれまで集計されてきた地域住民の線量分布傾向は全県民の線量分布を代表し得ると判断されています(石川徹夫ら、J. Radiological Protection 37 (3) 2017)。

さてこの表の意味はどこにあるのでしょうか、十分に考察する必要があります。福島県民は、総体としてみれば広島や長崎の原爆被爆者に見られたような極端な高い線量でなかったと言えます。しかし問題はその比較にあるのではなく、県の大半が人為的な過剰被ばくに遭遇したということにあります。経済の営みから家族、自然、伝統まで含む多様な要素を有し、その連環のなかで生きている人間社会が被ばくし、引き続き自壊する現象をもたらしたということです。放射線がもたらす「細胞の病理」に対処しながらも、「細胞の病理」と相関せず「社会の病理」が深まっていく事実にこそ、福島第一原発事故の一つの重大な側面があります。

次に述べてゆくことがらは、人間と社会が被ばくしたことの重大さを克明に示してくれます。

第十章　福島第一原発事故とこころ

すでに広く報道されているように、第一原発事故の避難者のなかで、みずからいのちを断つ方が多くなっています。岩手県、宮城県の津波被災者にも認められものですが、少し丁寧に述べて行きます。

1　原発事故と家族離散

わたしは福島第一原発事故において実施されてきた避難は、そのまま家族離反であると述べてきました。避難というものに付随する両面です。縷々述べてきたように避難によって入る仮設住宅は三世代、四世代の同居を前提としていません。また若い夫婦は乳幼児を抱え、できるだけ遠方に避難しようとします。当然の行動です。数十年間、土地と家を守ってきた高齢者は、可能ならば近くに住みたいと思います。「一時的な避難」なのかもしれないからです。しかし、実際の仮設での生活は長期化し、世代間の離反は固定化したのでした。

二〇一四年四月二九日の地元紙（福島民報）は、福島県が実施した自主的避難者を含む県内、県外避難者に対するアンケート結果を報道しました（「福島県避難者意向調査」）。五万八六二七世帯へのアンケートは回収率三五・三％、二万六八〇世帯から回答が得られたものです。家族分散状況への設問に対して四八・九％が分散したと回答しました。ほぼ半分の世帯で家族が離れ離れになったのです。そのうち二箇所に分散したのが三三・三％、三分散が一二・一％、四分散二・九％、五分散〇・五％でした。実数であらわすと、家族が四つに分かれたものが六〇〇世帯、五つに分かれたのが一〇四世帯あるということでした。痛切と言わざるを得ません。この家族分散のなかには父親は仕事を手放せず、母子は遠方に避難するという意味での離散も少なからず含まれます。

避難生活はどの世代にも、人生の再興を強いたと言えます。言うは易し、まず何をどうすれば再興へ向かえるのか、再興とはなにか。とりわけ初老期、高齢期に入り、再度生活を立て直すにはどうすればいいのか。自分の年齢を考えつつ、不確実な目標を強い意思とともに立てることはけっして容易とは言えません。大げさに言えば「原発事故と老い」という腹をえぐる問いが深く突き刺さってきたのです。

福島第一原発事故避難者が仮設生活で迫られていることは、家屋空間の狭さにとどまるものではありません。未来を思い描くことが阻まれているということです。仮設避難者の精神を困惑させるものは故郷の土地家屋、田畑の行く末であり、離れた家族の活路のありようでした。いうなれば終の棲家の問題と生業《なりわい》と家族の行く末です。それがいくらたっても見通せない場合、誰でもが安定を失います。

事故から三年を経たとき、ある新聞報道が目に留まりました。「古里の行方に不安」「憤り、諦め交錯」とリードがうたれています。中間貯蔵施設の説明会に訪れた国の担当職員と住民との場面でした。記者はその場面を上記のようなことばで要約したのでした。我々人間は、折に触れて憤りと諦めを経験しつつ大人になってきたと言えます。憤りをためつつも堪え、一時の消沈があっても諦めに陥ることなく道を歩く、そのようにしてきました。心理的転換を良しとして、生きてきたのです。しかし何年たっても圧倒的な壁を感じさせられ、仮設から離れられず、己の気持ちが地に落ちるとき、誰でも思考を失います。

スリーマイル島事故、チェルノブイリ事故被災者の精神病理を追い続けてきたブロメットは、こう言います。「チェルノブイリの悲劇は相互に区別できない複雑な身体的、社会的、心理的構造を抱えている」。そしてその要因の一つに被災者の利益が法で守られていない問題を挙げました。いわば事故後の付加的、社会的要因が被災者のこころの健康に複雑に影響することを指摘したものです（EJ Bromet et al.Clinial Oncology 23:297-305,2011）。警鐘といえます。

福島第一原発事故に引き寄せていえば、この大惨事の真の責任者は誰なのか、それをごまかし続け、被災者に誠実に悔い謝罪することを誰もしない。このような大きな壁が避難者の前にあります。

避難者の精神はどのようなものか。

2　K6

福島県はずっと県民の健康管理調査をしています。その中で、甲状腺問題などとともに避難者のこころの問題をあつかい、精神科医、心理療法士などのスタッフは、そのケアーに努力してきました。調査の報告は健康管理検討委員会で定期的に報告されて今日に至っています。その一つにK6の調査があります。

簡便かつ的確な検査

K6とは、二〇〇二年にアメリカのケスラーらによって提唱された自記式アンケート調査で、精神の全般的健康状態を把握するためのものです。K6がスクリーニング対象とするのは、うつ病（気分障害）や不安障害の精神疾患とされ、その簡便さとともに適格性において優れているとされています。従来使用されてきたGHQ（General Health Questionaire）に代わる一つの方法です。

具体的には、六つの設問とそれに対する五段階の回答で集約、合計点数により重度さをはかります。過去三〇日間にどのくらいの頻度で次のような状態がありましたか、と尋ねるものです。

①神経過敏に感じましたか②絶望的だと感じましたか③そわそわ落ち着きがなく感じましたか④気分が沈み込んで、何がおこっても気が晴れないように感じましたか⑤何をするにも骨折りだと感じましたか⑥自分は価値のない人間だと感じましたか

以上の六設問にたいして、全くない（〇点）、少しだけ（一点）、ときどき（二点）、たいてい（三点）、いつも（四点）で回答します。合計の最低が〇点、最高が二四点となりますが、高点数が気分障害（うつ傾向）、不安障害が強いとみられます。五点以上で何らかの心理的負荷があり、一三点以上で

精神健康状態評価　Fukushima health management study
n : 59, 807 (33. 1%) F／M 1. 3

各世代において K6 scores ≧ 13 を示す比率 (%)

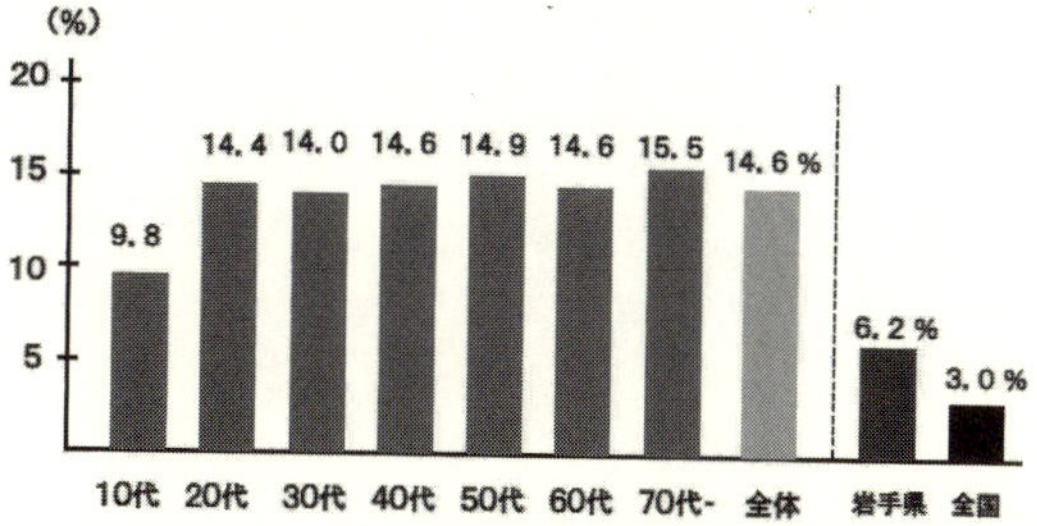

平成23年度「こころの健康度・生活習慣に関する調査」
福島県管理調査第11回検討委員会（平成25年6月5日）

深刻に心理的負荷があると見られます。避難者についての最初の調査（2011年度）結果が、二〇一三年六月五日の第一一回県民健康管理検討委員会で報告されました。避難者五万九八〇七名から回答が得られています（回答率三三・一％、F／M1・3）。

K6の評価と活用の目的は、高点数者（例えば一三点以上）を見出すことであり、見出し得たならば、次に積極的介入が必要かどうかの判断が求められます。もう一つの目的は高得点者（例えば一三点以上）がその集団に何％いるかを見定め、対照とされる一般国民の比率（一三点以上が三％）に比べ、どのくらい高頻度であるかを見るものです。上図で分かるように、福島では一〇代の九・八％を最低に、その他の世代いずれも一四％～一五％と高い頻度を示しています。一般の三％に比べ四倍～五倍の高さであり、これにより

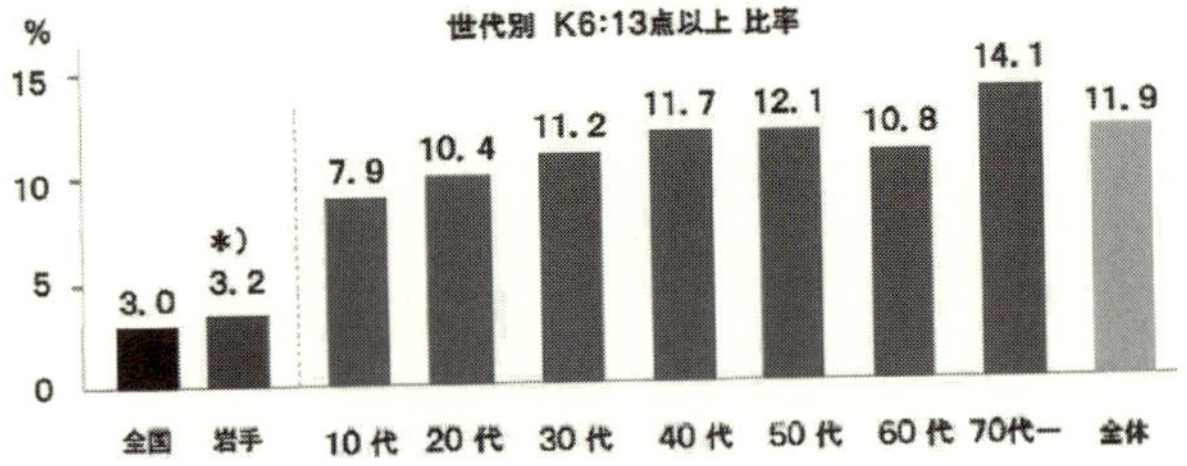

避難者においては強い心理的負荷を有していることがわかったのです。上の図は同様にして調べられた次年度（2012年度）の結果です。一三点以上者の頻度は各世代低下傾向を示していますが、一〇代を除きいずれも一〇％以上となっています。

両年度の比較で特徴的なのは、岩手被災者（津波被災者）にみられるK6の変化です。岩手では、二〇一一年度一三点以上六・二％であったものが、一二年度では三・二％とすでに一般国民なみに低下しているのです。二〇一一年度に岩手県山田町の調査がなされています。山田町は震災と津波で死者六〇四名、行方不明一四九名、計七五三名を失うという痛恨の被災状況でした。震災前の町の人口一万八六二五名であり、四％の死亡者でした。二〇一一年度に山田町の被災者に実施されたK6では一三点以上者の頻度は六・九％でした（岩手全体として六・二％）。この人たちを含めて翌年度にはほぼ対照と同程度のK6に戻っていたのでした。ここにも、自然災害から受ける心理的負荷と原発事故避難者の負荷とで、質的に違いがあることが示唆されます。

なおK6の高点数化（一三点以上群の頻度％）は仮設住まいと非仮設住まい、経済的困難さと普通、現在の不健康と普通、の違いの対立項でみた場合、当然に前者で高くなります。

岩手県の二〇一一年度の集計で見ると、被災者（男女）で仮設住まい一三点以上群七・七％、非仮設四・九％と前者が一・六倍、被災者（男）で経済的困難一二・七％、普通〇・九％と前者で一四・一倍、被災者（女）で経済的困難一五・九％、普通二・三％で前者六・九倍、被災者（男）で不健康九・七％、普通〇・四％で前者二四・三倍、被災者（女）で不健康一三・四％、普通一・四％で前者九・六倍です（岩手医科大学、岩手県における東日本大震災被災者の支援を目的とした大規模コホート、二〇一二年度厚生労働科学研究費補助金）。しかし、福島県の場合はこれほどの差異は見られず、津波経験、高齢、収入減、原発近接性、無職、家族喪失、住居、爆発体験、性別について、多変量の補正後においては、いずれも（K６≧一三点）比率の変化は二倍未満となっています（Y.Kunii et al. PLoS One 11(7),2016）。岩手被災者と比べ福島避難者では心理的負荷の頻度が数倍の高さをもち、しかも付随する対立項で比較した場合、岩手ほど差異が生じないのです。このような違いも原発事故被災者（避難者）の特性なのかどうか検討が求められてきます。

チェルノブイル事故において指摘されていたのは、心理的負荷がもっとも懸念されるいわゆる

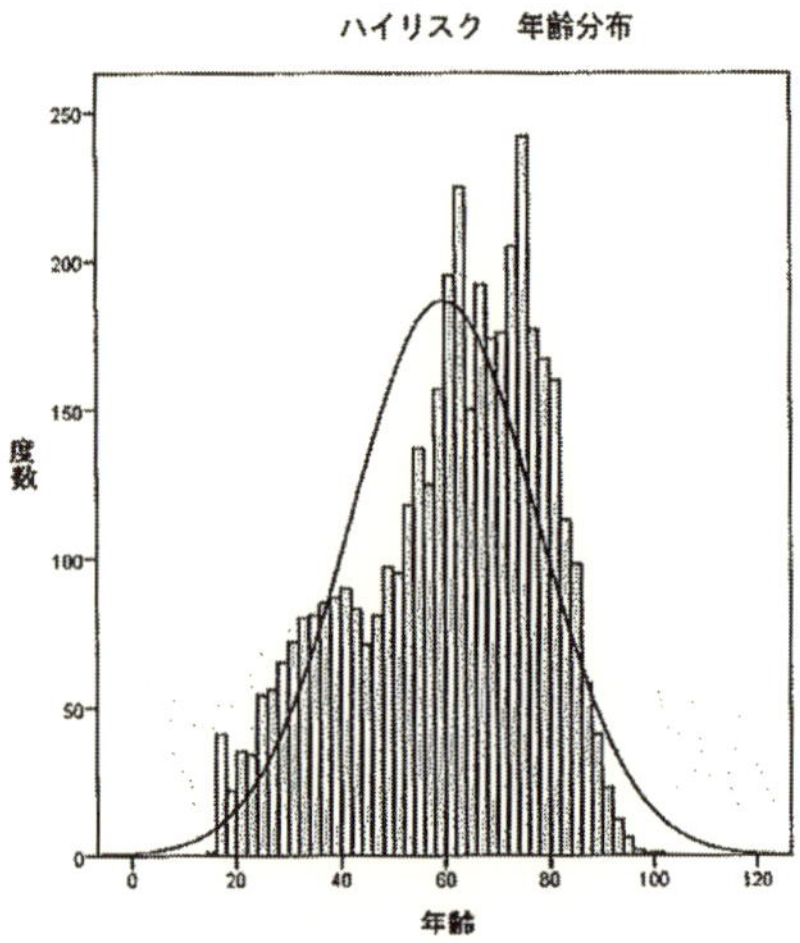

ハイリスク（high risk）グループは、小さな子どもを抱えた母親ということでした。ハイリスクグループの確認がなぜ重要かといえば、早い段階での心理療法士らの介入で自殺企図を防ぐためです。先にのべたように、原発事故避難者の調査では各世代に一三点以上群の比率は高く認められていましたが、特徴的なのは七〇代の頻度の高さです。二〇一一年度（第一年目）は一五・五％（平均一四・六％）、二〇一二年度で七〇代一四・一％（平均一一・九％）と、いずれも平均より高いのです。つまり、原発事故被災の避難者への心理的負荷は、高齢者にもっとも高かった可能性があったのです。上図は二〇一一年度の調査で示されたもので、ハイリスクグループをK6Ⅳ二〇点以上で非「健康良好」の群とした場合（健康良好の回答なし群）、四一八五名が確認され、年齢で並べたヒストグラムの山の部分を見ると、その年齢構成は七〇代、八〇代に相当しています。かりにこのヒストグラムで六〇歳から七九歳までを区切り、人数を割り出すと、ハイリスク

グループの四五・五％を占めることになります。

この世代の過半は農業を含めまだまだ現役であったと言えますが、先の見えない仮設住宅のなかで、自分の年齢を考えたうえで人生の再興が可能かと悩んだ世代だったと言えます。先に「原発事故と老い」と指摘しました。Ｋ６からも七〇代層の身動きの取れない状態をうかがうことができるのです。二〇一一年度の各世代のＫ６≧一三点以上群は、ごくわずかの傾斜で最高値七〇歳代の一五・六％に届きます。その一年後の二〇一二年度では、その傾斜がはっきりしてきています。つまり、相対的に若年世代でＫ６≧一三点以上群の比率は低下しましたが、六〇代を除き高齢層の低下が鈍化していると言えます。

原発関連自殺

震災に関連する自殺の調査は震災の年二〇一一年度から、内閣府、警察庁、厚労省の共同で進められてきました。震災関連自殺の定義が厳密に決められています。

①遺体発見場所が仮設であること
②仮設居住者であったこと
③避難区域からの避難者であったこと

震災関連自殺者積算比率（%）（仮設入居世帯数）

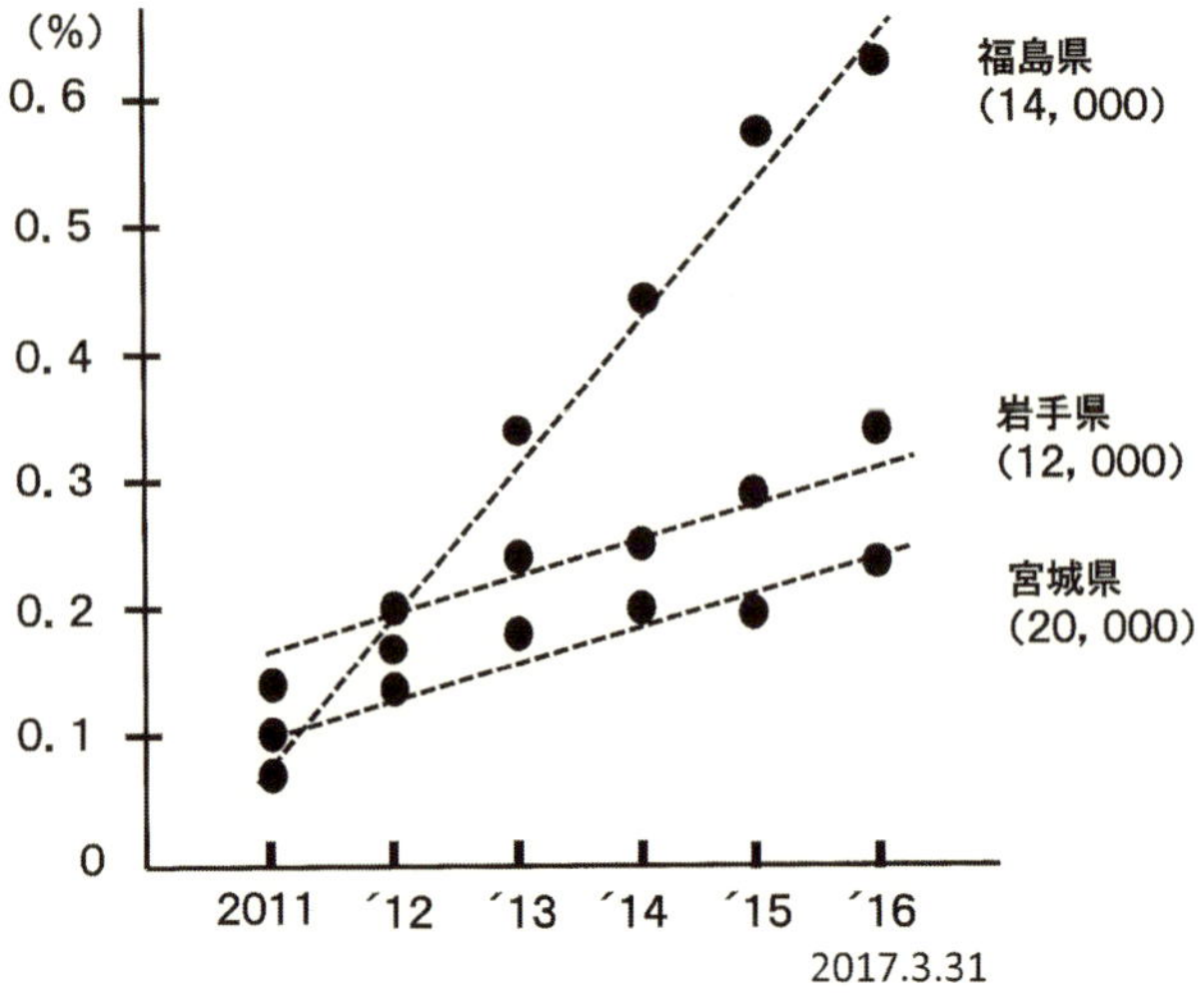

④自宅等の被害が甚大であったこと
⑤原発事故を嘆き遺書が残されていたこと
⑥遺書がなくても同様に苦しみ生前自殺企図があったこと

簡潔に言えば地震・津波等で甚大な被害をうけ仮設入所が余儀なくされた避難者と言えます。地元紙（2014年6月21日、福島民報）は大きく「自殺歯止めかからず」と報道しました。事故後、定義のような自殺事例が引き続いていることを報じたものです。

上の図は二〇一六年までの三県における自殺者数と、それを仮設住居世帯数で除して、世帯数にたいする自殺者比率を割出し積算比率の推移を示したものです。三県における世帯数は震災後二年半の二〇一三年九月の時点の世帯数としました。

震災関連自殺の積算比率の推移は三県ともほぼ直線で推移していますが、増加の傾きは福島原発関連自殺の場合がもっとも高く、岩手県、宮城県の推移はほぼ平行であり、増加の傾向が一致していると言えます。自殺の場合も、関連死と同様に岩手・宮城県と福島県の推移の違いが明らかと言えます。

震災関連死はほぼすべてが病死と言えますが、背景にある不健康状態が関連自殺の引き金になることにも留意する必要があります。しかも、避難者自身を死に追い立てた最大の理由が「うつ病」や「うつ傾向の心理状態」あるとするならば、皮相極まりない理解となってしまいます。ブロメットの指摘のように福島第一原発事故被災者における悲劇もまた、身体的、心理的、そして社会的構造をもち、避難者の自殺にこれらの複合性が投影していると捉える必要があります。そしてまたブロメットは、その複合性の背景に被災者自身がいる社会の法律に言及しています。いわく、法が被災者を守らないと。

福島地裁は二〇一四年八月二六日、原発事故避難者の一人（女性）の自殺者に、原発事故との因果関係を認め、東京電力に四九〇〇万円の賠償を命じる判決を下しました。福島県川俣町山木屋（計画的避難区域）に住み農業を営んでいた夫婦が、原発事故により避難を余儀なくされ、福島市のアパートに移り住んでいました。夫婦は古里に一時帰還がゆるされ、山木屋の我が家にもどりますが、避難先（福島市）に引き返す日が近づいたある日、奥様のほうがみずからいのちを絶ったのでした。焼身自殺でした。判決は「原発事故で生活基盤のすべてを失い、もともとストレスに弱かった○○さんは短期間に次々と耐え難い精神的負担を強いられうつ病となった」とし「自殺は原発事故が原因と認めるのが相当」と判示しました。この事例に見る原発事故後の生活の変化は原発関連自殺者の多くに共通するものと言えます。

東電を告発した主人は「（妻を）ただの自殺者にしたくはなかった」、その一心であったと言います。原告は、妻の自殺は「ただの自殺ではない」と理解していたのです。実はこの判決の重要な点はそこにありました。判決は（この事例に限定する形であったとしても）、このような状況におかれた方の自殺は、事故を起こした被告（東電）にとって「予見可能性」があるとしたのでした。つまり言うなれば「ただの自殺ではない」と指摘したとも言えます。

この判断の持つ意味はとても重要です。この事例にかぎらず原発事故による大量の避難者の発生、K6で示されたような気分障害の構造化のなかから生じる自殺に対して、被告（東電）は「予見できる」としたならば、被告はその回避に組織をあげて向き合わなくてはいけません。企業がすくなくとも国民生活に価値のある存在としてあるためには、真摯な向き合いがその企業の社会的責任となります。一人の自殺者に対する法の役割に目を開かれると同時に、家財の喪失はやがて取り戻せる可能性が残るとしても、いのちの喪失と無念さはもとに戻らないことにあらためて気を付かせたのでした。

岩手、宮城と異質の心理的負荷を帯びる福島の原発被災に対して、なお一層の注意を向ける必要性あると言えます。

3　放射線に対する認識

福島第一原発事故は福島の県民に放射線に対する不安、時には恐怖を抱かせることになりました。地震、津波の被災との決定的な違いの一つにこの問題があります。

福島県民の不安

福島市は二〇一二年五月、避難者を含む市民五五〇〇名に、過去一年間における「放射線に対する市民意識調査」を行っています。放射線（外部被ばく）の不安は「変わらない」が五三・四％、「大

放射線の健康影響についての認識について（2011年度）　（上段人数／下段割合）

		可能性は極めて低い	←	→	可能性は非常に高い
1	現在の放射線被ばくで、急性の健康障害（例えば、1ヶ月以内に死亡するなど）がどのくらい起こると思いますか？	39,687 (66.0%)	11,774 (19.6%)	4,707 (7.8%)	3,964 (6.6%)
2	現在の放射線被ばくで、後年に生じる健康障害（例えば、がんの発症など）がどのくらい起こると思いますか？	13,345 (22.1%)	17,958 (29.8%)	13,906 (23.1%)	15,094 (25.0%)
3	現在の放射線被ばくで、次世代以降の人（将来生まれてくる自分の子や孫など）への健康影響がどれくらい起こると思いますか？	9,174 (15.2%)	14,827 (24.6%)	15,241 (25.3%)	20,978 (34.9%)

きくなった」が三七・四%、「小さくなった」が九・二%でした。その二年後の二〇一四年五月にも同様の調査を実施しています。不安は「変わらない」が六八・五%、「大きくなった」が一四・二%、「小さくなった」が一七・三%でした。「大きくなった」の比率の低減が見られるものの、不安は変わらない」が七〇%近くをしめる状況が事故から三年間も続いたことを示しています。

それでは原発事故からの避難を強いられた避難者においては、どうだったのでしょうか。県民健康管理調査の結果から探ることができます。

原発事故避難者における健康管理調査では、放射線に対する不安については「心の健康度・生活習慣に関する調査」として大人（高校生以上）と子ども（中学生以下）について調べられています。ここでは大人の場合に関し述べていきます。

第一一回の県民健康管理検討委員会（上表、2013年6

月5日）では、放射線の健康影響について報告しています。事故後、最初に行われた調査であり二〇一一年度調査とされています。大人の対象一八万六〇四人に対して有効回答七万三四三三人（回答率四〇・七％）、男性三万二三〇一人（四四・〇％）、女性四万一一三二人（五六・〇％）、平均年齢五五・五歳でした。設問は要約すれば、①現在の線量で急性症状が出ると思うか、②晩発性の影響は出ると思うか、③遺伝的影響はあると思うか、の三点に絞って尋ねています。次頁の表はその結果を示します。

一か月以内の死亡も含めて、「可能性は高い」と「可能性は非常に高い」を合計した比率は一四・四％に及びます。次いで後年の「がん」発症等への影響を尋ねていますが、「可能性は高い」「可能性は非常に高い」は四八・一％となっています。さらに次世代以降への影響を尋ねると「可能性は高い」「可能性は非常に高い」は実に六〇・二％に達しています。

わたしはこの数字にきわめて驚きました。放射線に関する知識が乏しいままで、原発事故に遭遇した状況を如実に示していると言えます。

ちなみに翌二〇一二年度の調査（次頁表）の中で急性症状を別な言葉で尋ねています。「脱毛、皮膚のただれ、鼻血」の可能性を尋ねたものですが、「可能性は高い」「可能性は非常に高い」が一九・一％と前年度より増加傾向を見せたのでした。マスコミ等で広まった「脱毛」「鼻

放射線の健康影響についての認識について（2012年度）　（上段人数／下段割合）

		可能性は極めて低い	←→		可能性は非常に高い	有効回答数
1	原発事故当初から現在までの放射線被ばくで、急性の放射線障害（例えば、脱毛、皮膚のただれ、鼻血など）がどのくらい起こると思いますか？	26,442 (58.1%)	10,366 (22.8%)	4,572 (10.1%)	4,100 (9.0%)	45,480
2	現在の放射線被ばくで、後年に生じる健康障害（例えば、がんの発症など）がどのくらい起こると思いますか？	13,980 (30.8%)	13,566 (29.9%)	9,195 (20.2%)	8,692 (19.1%)	45,433
3	現在の放射線被ばくで、次世代以降の人（将来生まれてくる自分の子や孫など）への健康影響がどれくらい起こると思いますか？	10,779 (23.9%)	12,685 (28.0%)	10,475 (23.2%)	11,241 (24.9%)	45,180

避難者の放射線に対する不安

「高い＋非常に高い」（%）

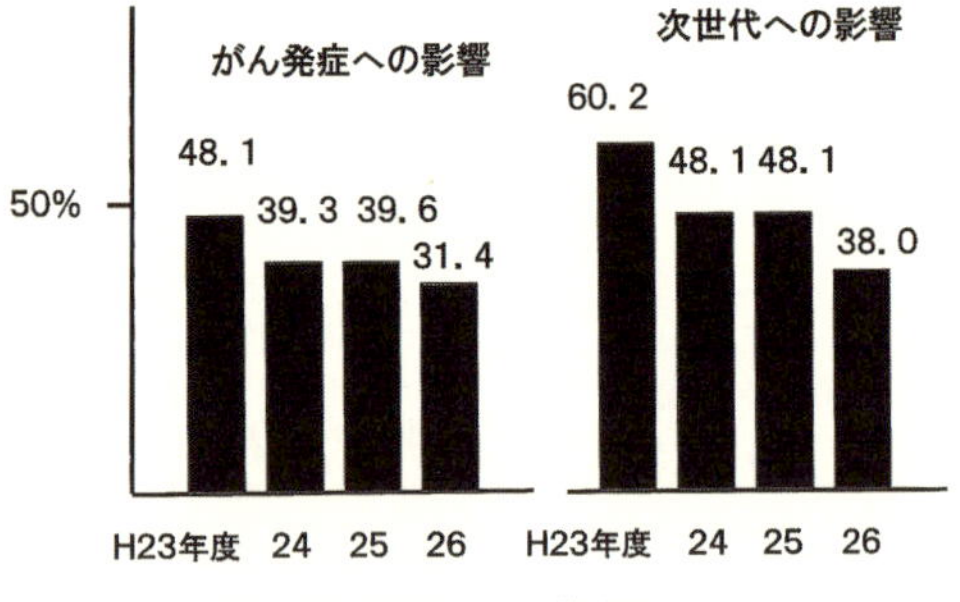

「県民健康管理調査」から齋藤作図

血」問題が影響していると見られます。二〇一一年度から一四年度までの「可能性は高い」「可能性は非常に高い」の合計（%）の推移を上図に示します。事故から二年を経過した一三年度からは急性症状に関する設問はなくなりますが、晩発性疾患への影響、遺伝的影響については継続しています。時間とともに漸減傾向ですが、直近の一四年度調査の段階でも、がんなどへの影響を心配するものが三一・四%、遺伝的影響が三八・〇%と高い数値を示しています。

避難者の方々がこのように思っていること自体を受け止める必要があります。福島原発事故の放射線問題は、甲状腺がんと放射性ヨウ素を別とすれば、ほぼ放射性セシウムに限られると見られますが、福島での線量がたとえ人体影響を引き起こす可能性は低いと伝えても、もう一つ何かが欠けているのです。遺伝的影響の問題では可能性はさらに低いと伝えても、「絶対」が証明されなければ不安は消えません。被ばくによる被害の有無を線量の多寡で理解する定量的理解は、この場合遠ざけられてしまいます。

わたしは二〇一二年の七月から一年間、福島市の依頼で「原発事故、放射線、私たちのくらし」と題して福島市全行政区（一七区）でミニ講演を連続して行いました。六五五五名の方々が聴講され、五八九名がアンケートに応じてくれました（回答率八九・九%）。

ここでわたしは、一ミリシーベルトの細胞障害について説明し、疫学的知見から線量と人体障害の関係を説明し、福島市民（乳幼児、子ども、妊婦）の外部線量はほぼすべてが年間三ミリシーベルト未満、八〇%が一・二ミリシーベルト未満であることを示し、甲状腺被ばく量も弘前大学研究者の調査から子ども最大二三ミリシーベルト〜二五ミリシーベルトであることを伝えたのでした（次頁の上図 S.Tokonami et al. Sci rep.2,507 ,2012　上図の空気吸入の場合と、下図の経口摂取の場合で

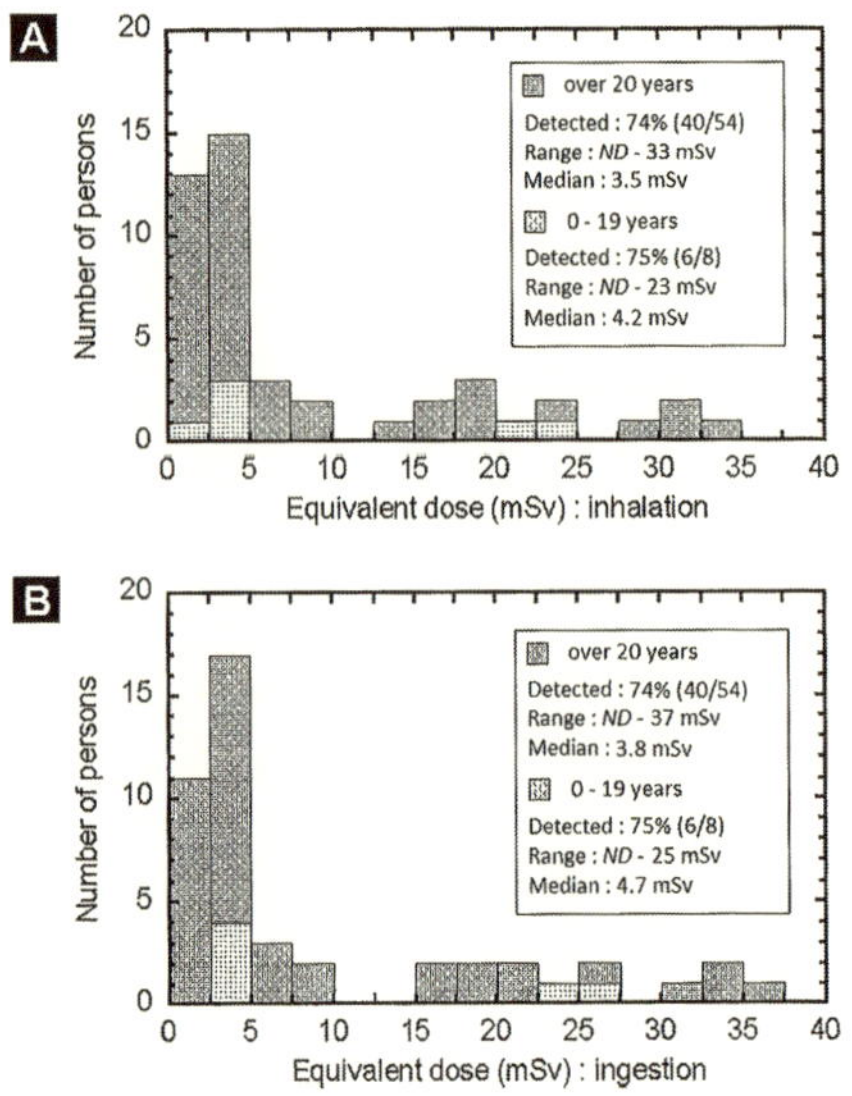

区別し子どもは薄い棒で示しています）。

同時に聴講者に対する提言として、線量の可視化を踏まえ冷静に対処すること、そして被災者の苦しみは個々で異なっており、その差異を理解するとともに克服する視点を堅持することを述べてきました。

終了後のアンケートでは、放射線の理解については九五・九％、健康影響についても九六・八％が「分かった」（「ほぼ分かった」含む）と回答していただきました。健康不安に関しても八〇・一％が「軽減した」（「少し軽減」含む）と答えられました。

もっとも重要だと思ったことは、これからも同じような講演を希望するかとの設問については九三・二％の方々が「希望する」と回答されたことでした。この時期は事故の翌年にあたり、被災者（避難者）自身が放射線について自分の考えを持つことが困難であった時期です。わたしの少ない経験からは、被災者自身は放射線についてたとえわずかでも核心的なことに触れれば、さらにしっかり知りたいと強く望んでくることを理解したのでした。

福島大学の研究チーム（実験心理学）らは福島市で幼稚園、小学校へ通う子どもたちの母親一六九〇人の心理調査を行っています。子どもに外遊びさせると答えた母親は、二〇一一年の三三・三％から二〇一三年の七一・九％へ増加し、洗濯ものを外へ干すとした母親も二〇一一年の四〇・四％から二〇一三年の六一・二％へ増加していました。少しずつではあっても霧がはれてゆくのでした。

この問題では地道な努力が大切と考えており、わたしは現在に至るも毎年、同じようにミニ講演を続けていますが、二〇一三年、一四年に「将来の子どもへの影響（遺伝的影響）」についてもアンケート調査項目に入れました。避難者の調査で「可能性が高い」が四八・一％の数値を示していた時期ですが、聴講生たちの回答は二〇一三年二三・〇％、一四年一三・〇％でした。被災者における比率と比較すれば聴講された方々においては低率であることを知ると同時に、膝を突き合せてのミニ講演がとても重要であるとわかったのです。

原爆投下時から急性、亜急性障害の調査に尽力した九大教授・操坦道の提言が残されています。原発事故と原爆の違いはあっても彼の提言は傾聴に値します。彼は原爆後障害の心身症的側面

(psychosomatic aspects)に言及し、その原因として「不安」「希望のない生活」「子孫への原爆の影響」をあげています。そして情報発信者としてのメディアと医師に特別の慎重さを求めています(T.Misao et al. J Radiat Res 2:85-97,1961)。今回の原発事故めぐる問題に通底するものを感じます。

出産

原発事故直後の一年、事故前と比較し約二〇%の妊娠数の減少が見られました。しかし中絶数の増加は見られませんでした。

チェルブノイリ事故に際してはいくつかの国で中絶の著しい増加が見られました。被ばく線量の非常に低い地域においても、大切ないのちが失われたことには言葉を失います。小児甲状腺がんの問題と合わせて、チェルノブイリ原発事故のもたらした悲劇の一つとして銘記されました。福島第一原発事故に際しても、わたしたちがもっとも危惧したことの一つはこの問題でした。母親の心配といのちの喪失でした。妊娠中の自分の娘を心配して、北海道に産婦人科のつてがあり、引き受けると言われたがどうだろうかと相談されました。わたしは現在の線量率、被ばく線量などを踏まえて、その必要はないことを伝えるとともに、しかし本人が安心して出産できることが一番であることを伝えました。実際、どのような選択をされたかはわかりません。

　また南相馬市原町で長く産婦人科医院を務めてきたある医師は、一度会津に避難したあと間もなく引き返し医業を再開しました。ついてきてくれた看護師、職員とともにそこで出産を手掛け母子を見守りつづけました。自院の線量を確認しつつ努力されました。やがて自分に肝臓がんが見つかり闘病むなしく二〇一三年、七三歳で他界されました。わたしは事故後間もなくこの医師を尋ねています。「先生（齋藤）が一番先に来てくれた」と淡々と話されました。南相馬市原町区、わたしは人影が消えた町を歩きつづけました。内科医院、小児科医院、どれもカーテンが引かれ鍵がかけられていました。ガソリンスタンドもコンビニも閉じられていました。誰とも出会わないのです。そのようななか、この医院に辿り着いたのです。上がらせてもらいました。わたしよりも何年も上の先輩でした。比較的がっしりとして温厚なお人柄と感じました。邂逅でした。

　今までの医師人生を語られたあと穏やかに「これは自分の最後の仕事だ」と話されました。わたしは同業として熱いものを感じざるを得ませんでした。この先生だからこそ、この町で出産をする妊婦さんがいたのでした。しばらくたって感謝とともに近況をしたためたお手紙をいただきましたが、その後、訃報に接したのでした。

　外部被ばく線量の大まかな理解が二〇一一年三月の時点で可能でした。妊娠出産にかかわる基本的な知識の普及が緊急に求められました。原爆被爆者の調査を基本に、また長い期間にわた

年度	低出生体重児	先天奇形	心臓奇形
平成23年度	8.9%	2.85%	0.89%
平成24年度	9.6%	2.39%	0.79%
平成25年度	9.9%	2.35%	0.91%
平成26年度	10.1%	2.30%	0.74%
平成27年度	9.8%	2.24%	0.75%
全国	9.5%	3〜5%	1.0%

福島県県民健康調査　第26回検討委員会報告（2017.2.20）

る医学医療の経験から、被ばく線量と胎児の奇形や精神遅滞に関しては一〇〇ミリシーベルトを超える線量でなければ中絶を勧めないとされています。住民からの質問について、まずは丁寧に伝えてきたつもりです。二〇一五年度までの福島県における出産状況は上の表のとおりです。全国平均と差はありませんでした。安堵とともに理解するのは、いつまでたってもデリケートな問題を含んでいることには変わりないということです。

第十一章　福島第一原発事故とがん、遺伝

福島第一原発事故はチェルノブイリ事故につぐ原発過酷事故でした。世界の目がその人体被害に向けられたのも当然でした。とりわけ子どもの甲状腺がんはどうか、と注目しました。現在も様々な課題を含み進行中と言えます。

1　WHOのリスク評価

WHO（世界保健機構）はいち早く放射線被ばくによる福島県民の悪性疾患（固形がん、白血病、乳がん、甲状腺がん）について生涯の発症リスクを推計し公表しました（2013年2月28日）。過

生涯のリスク評価- WHO見解　2013.2.28 公表

①4か月滞在　②地元食材摂取　③LNT仮説　④DDREF1

地域グループ	地域(注)	男性					
		10歳			1歳		
		固形癌	白血病	甲状腺癌	固形癌	白血病	甲状腺癌
1	(1)	0.568	0.020	0.054	0.730	0.040	0.118
	(2)	0.317	0.011	0.029	0.425	0.023	0.071
2	(3)	0.124	0.004	0.016	0.160	0.008	0.046
	(4)	0.189	0.007	0.015	0.249	0.012	0.044
	(5)〜(9)	0.159	0.006	0.013	0.208	0.010	0.040
	(10)〜(14)	0.159	0.006	0.011	0.208	0.010	0.035
3	その他の福島県	*	*	0.009	*	*	0.030
	近隣県	*	*	*	*	*	*
	その他の日本	*	*	*	*	*	*
4	近隣国	*	*	*	*	*	*
	その他の世界	*	*	*	*	*	*
日本におけるベースライン・リスク		40.71	0.58	0.21	40.60	0.60	0.21

地域(1)
1歳男児の将来
固形がん
89歳までの
生涯リスク
国民レベルより
7人多く発症と推計
1000人中413人
(41.330%)
内訳
国民レベル　40.60%
地域(1)増加　0.730%

日本医事新報 No.4639, 2013.3.23

小評価を避けるために最大限の被ばく線量を想定し、かつどんなに低線量でも健康影響が生じると仮定し（しきい値なし仮説）、推計しています。わかりやすく要約したものが日本医事新報（２０１３年3月23日号）に掲載されました。

報告は福島県を土壌汚染度の違い（多寡）によりグループ分けして、そこにいる人が八九歳になるまでの悪性疾患の生涯過剰発症リスクを推計しています。一部を説明します（筆者一部作図）。もっとも被ばく線量が高いと考えられた地域（１）では、そこに一歳の男児が四か月間居つづけ、地元の食材を摂取したと仮定した時の生涯の過剰リスクは、〇・七三％と推計しています。これは簡単に言うと、固形がんの場合、一般国民よりも被ばくによって発症が増加する人数は一〇〇〇人中七人多いことを示しています。現在、一般国民の生涯におけるがん発症率は一〇〇〇〇人中四〇六人（四〇・六％）ですので、地域（1）の場合では七人増えて四一三人（四一・三％）の発症を見るということです。

これをどう見るかは、一人ひとりの考えによります。わたしは市民との対話では、この原発事故の被災をどのように見るかによって人の考え方はかわること、またわが子への心配の度合いによって同じ数値の受け止めに違いが出ることを述べます。事実、そうだからです。同時に、不安を強く受け止める親においては、どのような状況がもたらされるならば不安に対処できるのかを考えます。健康を守る制度の問題、医学医療の発展の問題、あるいは一歳児が八九歳まではなく、一〇歳になるまでの健康管理と教育の問題、あるいは家族の在り方の問題など、総合的な課題が出てくることに触れます。つまり心配の根本に具体的に向き合う努力が求められると思っています。

ＷＨＯの報告は県民にとって重要な情報です。とりわけ実地診療の場にいる医師にとっても重要な知見と言えます。医師が母親にどのように話すのかも大事な点になります。

もう一つ、生涯リスクを推計した研究者の報告を示します。K.H.Harada らの論文で、川内村、南相馬市原町区、相馬市玉野区の三か所で、実際に将来へ向けての線量率を推計し外部被ばく量を求め、食材の内部被ばくも推計し、実に大変な努力をしてまとめたものです。多数の研究者の

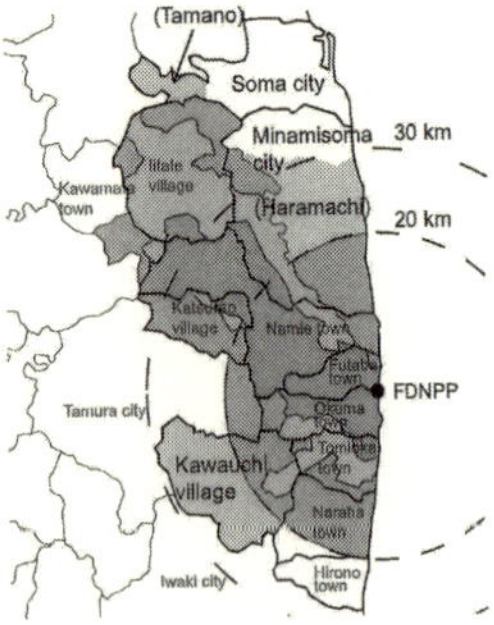

手になる労作です。

それを見ると、玉野地区（矢印 Tamano）住民の生涯線量がもっとも高く、一歳男児の固形がんについて言えば生涯過剰リスクは〇・七一二％と推計しています。ウェザーリング効果（風雨など気候の影響）による低減を考慮しない場合ですがＷＨＯ報告と近似するものとなっています（K.H.Harada et al.PNAS Published online February 24,2014）。

2　チェルノブイリ事故と甲状腺がん

原発事故と甲状腺がんの問題は、周知のように、チェルノブイリ事故の小児甲状腺がんの問題がきっかけとなっています。それまで放射線被ばくと甲状腺がんは、原爆被爆者の事例、頭部や頸部の疾患に対する医療用放射線照射後の甲状腺がん発症の問題に限定されていました。いわば外部被ばくによる甲状腺がん発症の問題でした。外部被ばくによる甲状腺がんの研究は優れた総括的論文が残されており、子ども（一五歳未満）一グレイあたり過剰相対リスクは七・七（対照との相対リスクは八・七倍）と示されています（E.Ron et al .Radiat Res 141:259-277,1995）。Ron の論文に含まれていますが原爆被爆者の場合も明らかにされており、子ども（一五歳未満）ではグレイあたり過剰相対リスク四・七と示されています。

チェルノブイリ事故甲状腺がんの知見を概括すれば、まず発症にいたる特徴ですが、第一に、チェルノブイリ原発周辺の国々（ウクライナ、ベラルーシ、ロシア）は食環境が潜在的ヨウ素欠乏地帯であり、放射性ヨウ素131の被ばくによって甲状腺への取り込みは急速にすすむ状況だったことです。第二に、子どもの内部被ばくのルートが主に汚染牧草を食べた牛の乳によるものであり、生物学的濃縮を経たミルクを飲みつづけ被ばく量が増加したと思われたことでした。第三には、汚染牧草への注意喚起もなされず、汚染牛乳の流通や摂取を防止できなかった情報公開の遅れ、放置、秘密主義など当時の社会制度にも一因があることです。

発症した甲状腺がんの医学的側面を概括すれば、第一に、甲状腺がんの発症は放射性ヨウ素131の被ばくとの相関性がもっとも高く、同時に被ばくしている他の短半減期核種を補正しても過剰相対リスクはほとんど変わらなかったことでした。第二に、若年者ほど甲状腺がん発症の感受性が高い傾向が見られたことです。第三には、慢性のヨウ素欠乏状態は甲状腺腫大をもたら

18歳未満の甲状腺がんの過剰相対リスク

報告者	対象	過剰相対リスク／Gy
Cardis (2005)	ロシア、ベラルーシ	4.50 (EOR)
Tronko (2006)	ウクライナ	5.25 (ERR)
Zablotska (2010)	ベラルーシ	2.15 (EOR)
Brenner (2011)	ウクライナ	1.91 (ERR)
Ivanov (2012)	ロシア	3.58 (ERR)

過剰相対リスク(ERR) 、過剰相対オッズ比(EOR)
いずれも対照に対する過剰リスクを示す。 個々の論文から齋藤作表

しますが、住民では甲状腺腫大を持つものほど甲状腺がんの発症率が高かったことです。まとめて言えば、チェルノブイル原発事故の被災は原子炉の操作ミスを契機として起きたものですが、地理的、社会的背景を濃厚にもったものといえます。

さて放射性ヨウ素131による甲状腺がん発症の過剰相対リスクをみてみます（表）。いずれも一八歳未満を対象にした論文です。初期の報告（カージスら、2005年）では一グレイあたりの過剰相対リスク（過剰相対オッズ比）は、甲状腺被ばく線量を二グレイまでの範囲でみると四・五です。トロンコらの報告では五・二五です。過剰相対リスクとは、例えばグレイあたり過剰相対リスク五・〇という場合は、対照と比べ五〇〇%増加していることを意味します。過剰相対リスクの表示が便利なのは、被ばく線量が〇・一グレイと一〇分の一になった場合、過剰相対リスクもそのまま一〇分の一で〇・五（五〇%増加）となり、〇・〇一グレイとなったときには過剰相対リスクは〇・〇五（五%増加）となることです。放射性ヨウ素

131の内部被ばくではガンマ線、ベータ線が関係しますので、吸収線量（グレイ）が生体に与える影響の係数（生物学的効果比）は一とされており、グレイ単位をシーベルト単位にそのまま変えて、数値の表記ができます。なお被曝していない場合と比べ何倍かと言うときには（相対リスク）、過剰相対リスクに一・〇を加えた表現になります。

福島原発事故での甲状腺被ばく量については後述しますが、チェルノブイリ事故甲状腺がんの知見を参考にすれば、福島第一原発での被ばく線量がわかれば、ごく低い線量域の場合でも甲状腺がん発症のリスクを予想することができます。

先の表でわかるように、チェルノブイリ事故の甲状腺がん発症の過剰相対リスクは、事故から時間が経ってくると低下しています。前半（事故から一〇年間）の約五・〇から後半（事故から二〇年間）の約二・五に低下しています。早期に発症してくる事例と後期に発症してくる事例の違いなのかもしれません。しかしここで大事なことは、リスクが低下していても約二〇年間、リスクは残っているという点です。これは原爆被爆者において半世紀を経てなお甲状腺がんのリスクが完全には消えないことと共通しています（K.Furukawa et al. Int.J.Cancer,132:1222-6,2013）。チェルノブイリ事故甲状腺がんの過剰相対リスクは大体二グレイ（二〇〇〇ミリシーベルト）の範囲では直線関係で線量と発症率が比例しています。これを線形線量反応といいます。このような直

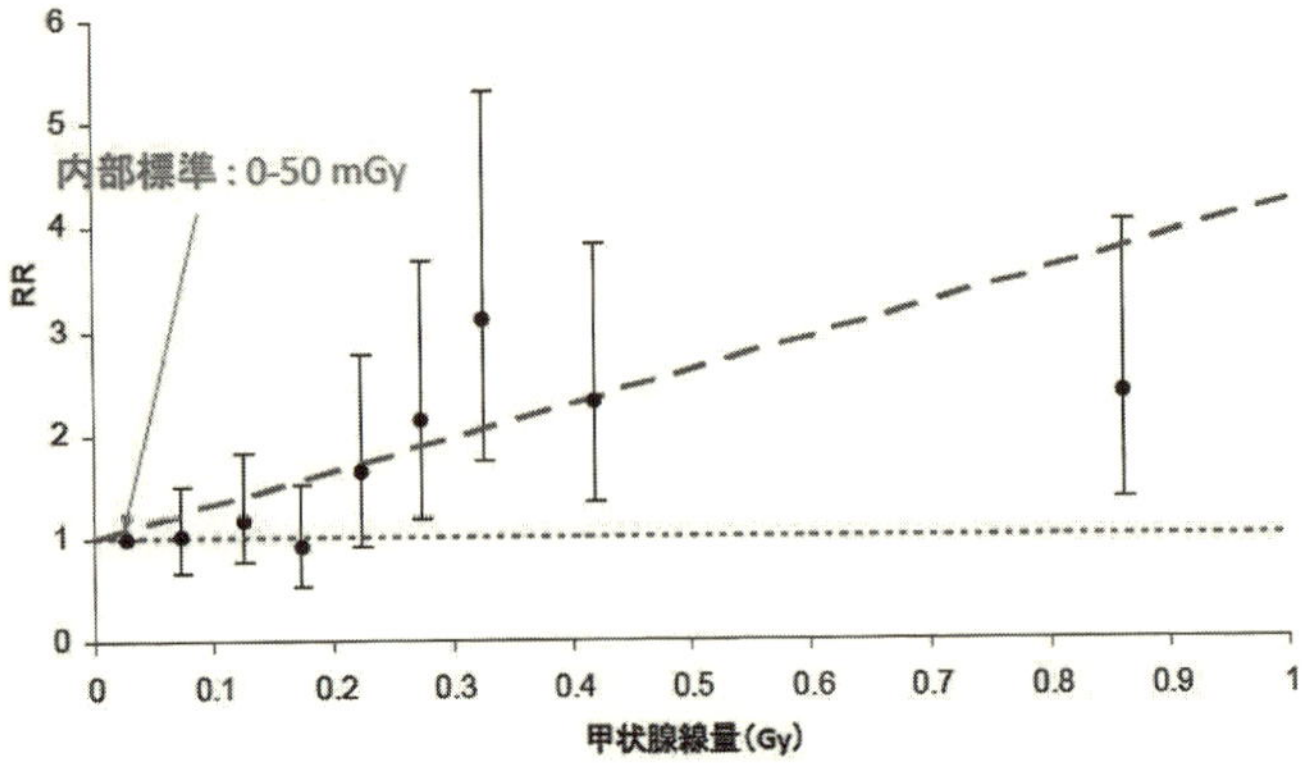

線の関係があるとした場合、低い線量域においても、しきい値を想定しない考え方となります。

二〇一二年のイワノフ（Ivanov）報告は、この低線量域の線量を層別化して個々の線量域での過剰リスクを示しています（「一七歳以下の甲状腺がん相対リスク」、２０１４年2月21日～23日、放射線と甲状腺に関する国際ワークショップ、東京）。イワノフ報告が示すグラフ（上図）は、甲状腺被ばく線量が一〇〇ミリシーベルト付近では、個々のグループの相対リスクが基線付近（対照と同じ）にとどまり、九五％信頼区間の下限値が基線を下回っている状況（増加が有意ではない）となっています。この低線量域ではリスクの確認ができない状態と言えます。疫学の読み方で注意しなければならないのは、この場合、低線量域では甲状腺がんの過剰発症がないことなのか、ごく低い線量域では十分な対象者数が得られないためリスクがあらわれてこないのか、それとも長い潜伏期における発症の可能性を残しているのかは未解決の問題と言えることです。福島の場合は後述しますが、このイワノフ報告は大変参考になる知見と言えます。

イワノフらは同時に甲状腺被ばくした住民を子ども（一八歳未満）と大人（一八歳以上）で分けて、甲状腺被ばく線量と甲状腺がんの過剰相対リスクを見ています。これによると子ども群では一グレイあたり過剰相対リスク三・五八（P＜0.001）に対して一八歳以上群の大人では過剰の増加は有意ではありませんでした（過剰相対リスク　−〇・四九、P＝0.5）。原爆被爆者の場合においても（平均被ばく線量〇・二三グレイ）、一五歳未満ではグレイあたり四・七と有意の増加（対照の五・七倍）でしたが、一五歳以上群で過剰相対リスクが〇・四（九五％信頼区間　−〇・一、一・二）と増加は有意ではありませんでした。

3　福島第一原発事故の場合

福島第一原発事故による放射性ヨウ素１３１放出、子どもたちの甲状腺内部被ばくの事実は大変重大な事態と考えなければなりません。原発事故直後、放射性ヨウ素１３１の計測について、

甲状腺量の推定値（90%タイル　※拡散シミュレーションによる推定は除く）

自治体	1歳児	成人	方　法
双葉町	30	10	全身計測
大熊町	20	<10	全身計測
富岡町	10	<10	全身計測
楢葉町	10	<10	全身計測
広野町	20	<10	全身計測
浪江町	20	<10	全身計測、甲状腺計測
飯舘村	30	20	甲状腺計測、全身計測
川俣町	10	<10	甲状腺計測、全身計測
川内村	<10	<10	全身計測
葛尾村	20	<10	浪江町の推定値を代用
いわき市	30	10	拡散シミュレーション、甲状腺計測
南相馬市	20	<10	浪江町の推定値を代用
福島県内（上記以外）	<10	<10	拡散シミュレーション

(mSv)

引用：福島県県民健康調査，第２回甲状腺評価部会スライド

国の対応は必ずしも十分であったとは言えませんでした。そのような不十分性を認識しつつ、甲状腺被ばく量問題について述べたいと思います。

福島第一原発事故による甲状腺被ばく量の推計値について、現在利用できる多数例を扱ったものとしては、放射線医学総合研究所（千葉、放医研）の推計値、弘前大学の細谷らの推計値があります。

放医研のデータは二〇一一年三月末に川俣町、飯舘村、いわき市で一〇八〇名の子どもたちの直接甲状腺被ばく量を計測したデータを基本にし、その後、日本原子力研究開発機構（茨木県）にてホールボディカウンターで放射性セシウムの預託実効線量を計測した三〇〇〇名のデータ等を関連させて導いたものです（E,Kim et al. J Radiat Res 57:i118-i126,2016）。これらのデータからは一歳の子どもの場合においては双葉町、飯舘村、いわき市の

住民が最大ですが、全体として三〇ミリシーベルト以下と推計されています。著者らは、これらのデータは自治体の代表的な数値にとどまっていることを承知しており、さらに甲状腺内部被ばく線量の推計に努力すると述べています。これらのデータを参考にすれば、原発に近い自治体住民の甲状腺被ばく量の大まかなレベルが分かります。

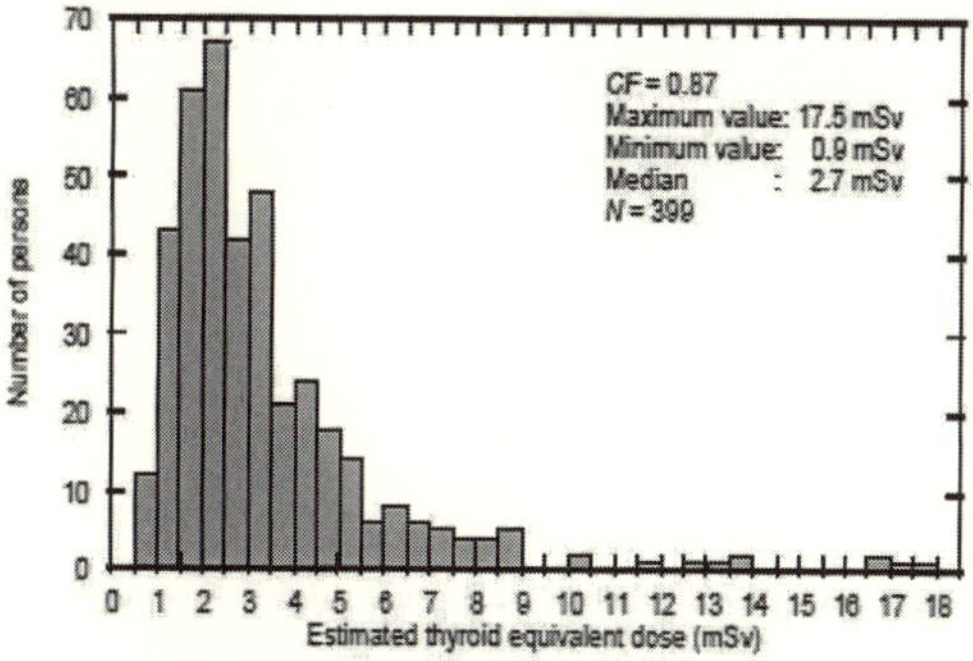

弘前大学　細田正洋ら
Environ Int　61. 73, 2013

　弘前大学のグループの報告も大事です（上図）。彼らは放射性ヨウ素131が消失した二〇一一年七月〜八月、浪江町住民三九九人にホールボディカウンター検査を実施し、放射性セシウム（137、134）の値を得たのですが、実に巧みな方法で避難当時の甲状腺被ばく量を突きとめたのでした。このグループのTokonamiらは、それまでですでに少数例（六二名）ですが、甲状腺被ばく量の計測値を示してきました（既述）。この六二名では放射性ヨウ素131のみでなく放射性セシウム（137、134）も同時に測定されていましたので、放射性ヨウ素131と

場所	子ども甲状腺被ばく線量(mSv)		
	屋内時間		
	0 時間	16 時間	24 時間
最大地点	67	34	17
八木沢	27	13	7
長泥	36	18	9
村役場	22	11	6

第14回環境放射能研究会 2013. 2. 26−28 つくば市
城戸寛子ら「大気拡散シミュレーションによる村内全域の空気中放射能濃度分布』(齋藤作表)

放射性セシウムの比を割り出すことができ、のちに測定した三九九名においてその比を適用し、放射性セシウム測定値から放射性ヨウ素131を推計することができたのでした。横軸が被ばく量、縦軸が人数です。最大被ばく量が一八ミリシーベルト（一七歳）、全体の九九%が一〇ミリシーベルトの範囲内にあったのでした。放医研のデータで浪江町住民（一歳児）の最大被ばく量が二〇ミリシーベルト以下とされたことと近似しています。

さらにもう一つ、飯舘村住民について甲状腺被ばく量を推計した論文を紹介します。第一四回環境放射線研究会で報告されたもので、飯舘村に飛来した放射性プルーム中の放射能について大気中輸送シミュレーションを用い推計し、子どもたちの甲状腺内部被ばく量を求めたものです。彼らは飯舘村に飛来した放射性プルーム（放射性雲）は四回に及び、最大濃度のものは二〇一一年三月一五日〜一六日のもので、飯舘村における放射性ヨウ素131積算濃度の五四%を占めたといいます。

三月一五日一六時頃から一六日未明にかけて原発周辺では南東の風が支配的となり、放射性プルームは飯舘村に飛来しづけ、同時にこの時間帯には内陸部方向から北~北西の風が生じており、放射性プルームはいっそう飯舘村に滞留する結果になったとしています。子どもがその時間帯に屋外に居続けたとした場合（屋内〇時間）、最大六七ミリシーベルトと推計し、屋外八時間（屋内一六時間）の場合最大三四ミリシーベルト、全く家の中に居たとした場合（屋内二四時間）、最大一七ミリシーベルトと推計しています（前頁図）。非常に寒く雨が伴っていた時期であり、屋内にいる時間がほとんどであるとすれば、子どもたちの甲状腺被ばく量はほとんどにおいて三〇ミリシーベルト以下とみられます。

放医研の推計値、弘前大学の推計値、環境放射線研究の推計値、ともに近似する知見と言えます。

甲状腺エコー検査による甲状腺がんの発見

福島県の県民健康管理調査では、二〇一一年一〇月から一八歳以下の甲状腺エコー検査を実施しています。浜通り地域（2011年度開始）からはじめ、中通り（2012年度開始）、会津・沿岸北部・県南（2013年度開始）の順で行われました。

子どもの甲状腺エコー検査が開始されたのは、チェルノブイリ事故の教訓があったためですが、一八歳以下の男女約三六万人に甲状腺超音波検査を施行することは大変な作業と言えました。実施の体制は可能なのだろうか、子どもたちは受けてくれるのだろうか。子どもや親の心配はどうなるのだろうか。エコー検査を実施すること自体にも疑問符をつける見解もありました。しかし当時の心配を考えるとエコー検査をしないという選択肢はなかったと思われます。

検査開始から六年が経過します。甲状腺がんが事故前よりも数十倍も多発しているのではないかの議論が、疫学の専門家も交えて吹き出しました。そもそもこの調査は事故後、子どもたちにおいて甲状腺がんの発症を懸念したところから始まっているものであり、それならばなおのこと甲状腺医学の基礎（病理）臨床の専門家、疫学の専門家、また子どものこころの問題も踏まえた精神科医、心理の専門家なども交えた冷静な議論が必要となります。多発をあおるかのような議論は本人の意図を超え、百害あって一利なしです。

さて年度で言えば現在は二〇一八年度となりますが、本書で言及するのは先行検査とされる二〇一一年度、一二年度、一三年度のもの（三地域は約三年で達成、受検者三〇万四七六名で確定、二〇一五年六月三〇日集計、第二〇回検討委員会報告）、及び本格検査の一五年度、一六年度です。浜通りと中通地域を一つの地域として一年で終え、会津・沿岸北部・県南を一つの地域として約二年でほぼ終えています。先行検査は、対象三六万七六八五名に対して検査を受けたのは

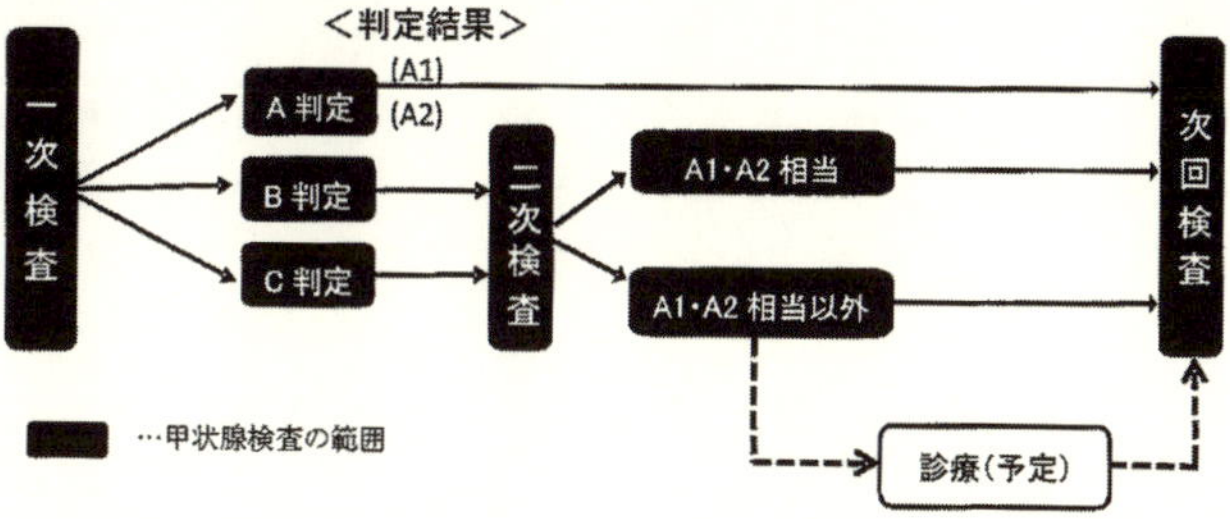

三〇万四七六名（八一・七％）です。
先行検査とは甲状腺がん有病率のバックグランドを知るための検査という意味です。一五年度から開始された本格検査は現在も動いており完全には確定していません。したがって本書で扱う本格検査部分は一六年九月三〇日現在のものです（受検二七万四三二人、第二五回検討委員会）。ちなみに一七年度六月三〇日現在で、確定者は二七万五一五人となっています（第二八回検討委員会）。

検査の設計

甲状腺エコー検査は上図のような流れですすみ、Ａ１判定は結節（充実性のしこりのこと）や嚢胞（袋状のもので液を含むものもあり）を認めない事例、Ａ２判定は五㎜以下の結節か二〇㎜以下の嚢胞。Ｂ判定は五・一㎜以上の結節か二〇・一㎜以上の嚢胞。Ｃ判定は直ちにより精密検査へ向かうべき事例です。

これらの判定は一次検査と二次検査により区分が確定します。それらの流れを経て、最終的に、経過観察グループに入るか（次回検査）、Ｂ判定者の中からより詳しい検査（穿刺吸引細胞診）を経て、甲状腺がん、あるいは甲状腺がんの疑いの診断がされ、甲状腺腫瘍部分の切除に至るものが出ます（診療）。

次回検査の流れは、対象者が二〇歳になるまでは二年ごとに検査をし、それを超えれば二五歳、三〇歳と五年毎に検査をすることになっています。しかし今後、このシステムがどのように変化してゆくかは未定といえます。本人や保護者の考え、あるいはこれまでの調査結果を踏まえた上での専門家の議論も出てきます。この点においても冷静な見極めが必要となります。

エコー検査からみた甲状腺の構造

大規模な子どもの甲状腺エコー検査はこれまでどこでもなされなかったものであり、その意味では初めてわかる知見もあります。第一はエコー検査上でわかる発達途上の甲状腺の組織構築です。

一八歳以下の子どもにおいては、Ａ１判定（結節も嚢胞もない状態）が五二％占めており、その他ほとんどは嚢胞のみで四七％を占めています。つまり、わずか一％が結節を含むようになっていることです。大まかにいえば、この一％の結節のなかに甲状腺がんが含まれるということになります。我が国における一八歳以下の子どもの甲状腺組織は超音波検査からはこのようになっていたのです。

それではこの構築は約三年後の本格検査ではどのようになったのでしょうか。二〇一六年九月三〇日現在での集計です。A１が四〇％と減少し、嚢胞が五八％と増加しています。結節は一％と不変です。まったく同一人の推移ではありませんが、集団特性を不変とすれば、約三年の加齢によって嚢胞比率が約一〇％増加し、その分だけA１比率が減少した形となっています。甲状腺がんの発生は〇・〇三％とほぼ不変です。

この三年で結節の増大傾向（サイズ変化）に変化はないのでしょうか。つまりがんの頻度は変わらないまでも、その母地と考えられる結節群全体として増大傾向はないのでしょうか。おおいに気になるところです。そこで両集団（先行検査群と本格検査群）で、結節の大きさを比較してみました。

横道にそれますが、原爆被爆者の検討では一〇歳未満の小児期被ばくの被爆者においては、甲状腺結節の大きさが一〇㎜以上の事例は被ばく線量に相関してその頻度が増すとされています。他方、一〇㎜未満の小結節の有病率は被ばく線量に関連しないとされています（M.Imaizumi JAMA Intern Med 175:228-236,2015）。一〇㎜以上の結節がどうも問題のようです。

先行検査結果との比較　　平成28年9月30日現在

（上段人数／下段割合）

			先行検査結果計 ア	本格検査結果内訳			
				A		B	C
				イ （イ／ア）	ウ （ウ／ア）	エ （エ／ア）	オ （オ／ア）
先行検査結果	A	A1	125,903 (100.0)	83,474 (66.3)	42,036 (33.4)	393 (0.3)	0 (0.0)
		A2	119,375 (100.0)	11,493 (9.6)	106,945 (89.6)	937 (0.8)	0 (0.0)
	B		1,369 (100.0)	108 (7.9)	530 (38.7)	731 (53.4)	0 (0.0)
	C		0 (0.0)	0 (0.0)	0 (0.0)	0 (0.0)	0 (0.0)
	受診なし		23,784 (100.0)	13,600 (57.2)	10,023 (42.1)	161 (0.7)	(0.0)
計			270,431 (100.0)	108,675 (40.2)	159,534 (59.0)	2,222 (0.8)	0 (0.0)

太枠：先行と本格を両方とも受けている同一人の比較。先行検査でＢ判定の 1369 人は本格検査もうけていた。彼らのうち本格検査でＡ1 となったのが 108 名、Ａ2 となったのが、530 名、同じＢのままが 731 名、であった。ＢからＡ1、Ａ2に変化するのが 46.6% である。

健康管理検討委員会で提示される資料には、甲状腺嚢胞と結節の大きさが人数とともにヒストグラムとして示されています。先行検査での結節一〇・一㎜以上は〇・二%、本格検査での結節一〇・一㎜以上も〇・二%と変わりませんでした。

ここから二つのことがわかります。第一は、少なくとも三年で、嚢胞比率の変化（一〇%）があっても、結節の頻度変化や大きさの増大傾向は見られなかったことです。第二は、確認されている甲状腺がんの大きさは平均で一四・二㎜（先行検査）、一一・一㎜（本格検査）ですので、この一〇・一㎜以上群のなかから生じているといえます。つまり、子どもの甲状腺がんの発生は、必ずしも結節群（%）の増加とか大きさの増大傾向が伴って発生しているのではないのかもしれません。これが自然発生性の特徴なのかどうか検討が必要となります。加齢によって嚢胞の比率は増加し、結節の比率は一％で不変、しかも結節サイズも増加していないことが示されました。

もう一つ興味深いことは、先行検査でＡ１、Ａ２、Ｂ判定を受けたものが、本格検査でどのように変化してゆくのかです。例えば先行検査でＢ判定を受けた同一人が本格検査を受けているのが一三六九名確認できています。その子どもらは本格検査の判定で同じＢ判定は五三・四％であり、残りの四六・六％は縮小の方向（Ａ１、Ａ２）へ変化していました。Ｂ判定から結節も嚢胞も見られないＡ１判定への変化が七・九％もあったのです。逆に先行検査で何も見られなかったＡ１判定者一二万五九〇三名から約三年でＢ判定（五・一㎜以上の結節、二〇・一㎜以上の嚢胞）になるものが三九三名（〇・三％）見られたのでした。小児の甲状腺は、嚢胞や結節の形成—消失など、かなりダイナミックな動きをしていることが分かります。

甲状腺がんの発生

甲状腺エコー検査の実施数が増えるとともに甲状腺がん、及び甲状腺がんの疑い事例が増えてきました。事例数が積み重なってくるので、健康管理検討委員会で報告されるたびに新聞、テレビはまた発生か……と報道し続けました。

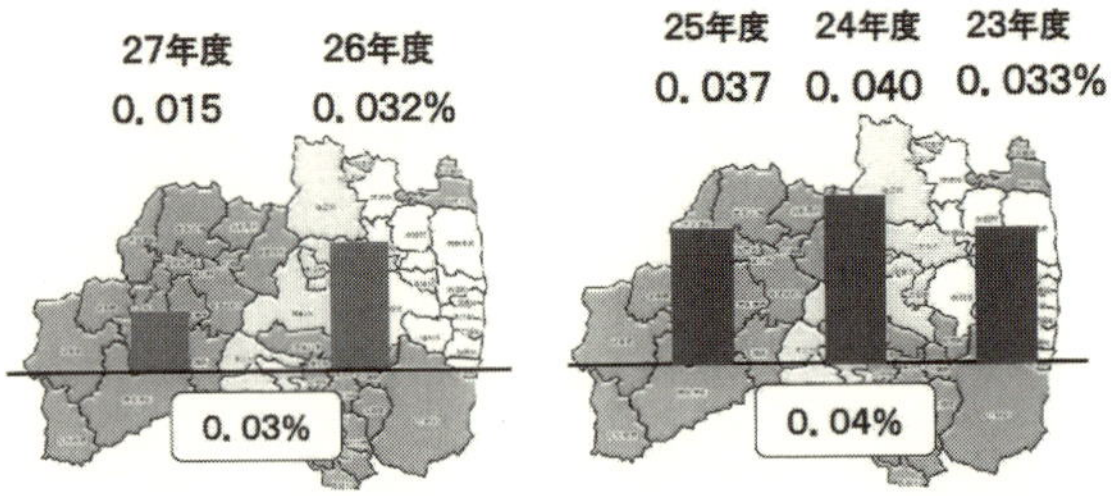

しかし、甲状腺がんの「がん登録」制度が教えてくれることは、大人の甲状腺がんも小児の甲状腺がんにも、毎年一定数で発生してくるいわゆる「自然発生性甲状腺がん」はあるということです。第一原発事故の前から続いているのです。問題は福島第一原発事故後、そのような自然発生性甲状腺がんの頻度を大幅に凌駕して発生しているのか、という問題です。

そこで、年度毎の（各地域毎の）甲状腺がんと甲状腺がんの疑い（合計）の発見率を図示しました。甲状腺がん事例は切除された病理標本で「がん」の確定がなされたものですか、様々な事情で手術に至らない場合があります。それでも甲状腺組織に針をさして甲状腺組織の細胞を吸引し、細胞形態を診断（細胞診）して、がんの可能性が高い場合を甲状腺がんの疑いとして合計しています。上図は先行検査の各地域の発見率を示しています。A1、A2、B、C判定確定者総数の中で甲状腺がん（疑い含む）の比率を見ています。先行検査では、どの地域でも受検者中の発見率はほぼ同じでした。かつ大きさについても、二〇一一年度一四・一±六・六㎜、一二年度一四・五±七・八㎜、一三年度一三・八±八・四㎜でした。年齢も一一年度一五・七±一・九歳、一二年度一四・九±二・六歳、一三年度一四・五±二・八歳と差はありませんでした。

なおチェルノブイリ事故甲状腺がんの発症事例は、圧倒的に幼児に偏っていることが知られています。例えばベラルーシでの報告で、事故時二〇歳以下四七二例、一九八六―一九九五年調査では、発症事例の六二・九%は事故時五歳以下に集中していました（F.Pacini et al.J Clin Endocrinol Metab 82:3563-69,1997）。福島の先行検査では、五歳以下はゼロ、六―九歳四・三%、一〇歳以上九五・七%でした。本格検査に移行するにつれて診断時年齢は毎年上がってゆき、女性では第二次性徴（八、九歳）を経るにつれて一般に発症率は増加してきます。しかし本格検査時点でも、五歳（男女）以下は一・八%にとどまっていました。

外部線量での3区分と甲状腺がん有病率比較
オッズ比（Ohiraら, Medicine 2016 から）

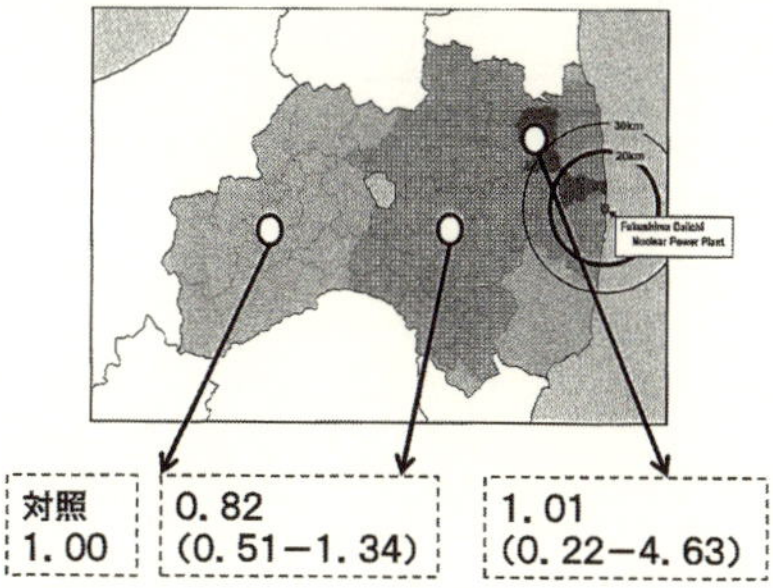

検査時年齢、検査までの期間、性別：多変量補正

齋藤作図

さて、先行検査における各年度（各地域）の発見率は

BRAF^{V600E}	43 (63.2%)*
HRAS	0
KRAS	0
NRAS	0
RET/PTC1	6 (8.8%)
RET/PTC3	1 (1.5%)
ETV6(ex4)/NTRK3	4 (5.9%)
ETV6(ex5)/NTRK3	0
AKAP9/BRAF	0
TERT C250T	0
TERT C228T	0

ほぼ同じでしたが、対象者個人の外部被ばく線量で分けた地域別での発見率を、いろいろな因子を補正して比較をすれば発見率は変わらないことが示されています（前頁上図）。

先行検査事例の甲状腺がんの遺伝子解析が示されています（上表 N.Mitsutake et al.Sci Rep 2015）。それによるとＢＲＡＦ遺伝子の突然変異（BRAF^{V600E}mutation）が六三・二％を占め、チェルノブイリ事故の子ども甲状腺がんで多いとされたＲＥＴ／ＰＴＣ３再構成は一・五％にとどまっています。著者らは、これらの変異（ＢＲＡＦ）をもつ甲状腺がんは、放射線被ばくとは関連なく発症しているのではないかと考察しています。

なお、チェルノブイリ事故子ども甲状腺がんにおいてはＢＲＡＦ遺伝子突然変異は、被ばく線量と逆相関することも報告されてきました（RJ Leeman-Neil et al.Cancer 119:1792-9,2013）。このＢＲＡＦ遺伝子突然変異をともなう甲状腺がんについては、すでに原爆被爆者においても調べられており、こちらも線量と逆相関することが示されてきました（K.Hamatani et al.Cancer Res 68:7176-82,2008）。論文では被ばくゼロ群及び低線量、中等線量、高線量で遺伝子変異の被爆者比率を見ています。RET／PTC比率はゼロ線量五％、一一・八mGy六％、二〇五・二mGy二二％、一〇一一・五mGy五〇％でした。同じようにBRAF突然変異比率は、七七％、八二％、七一％、一三％です。ゼロ線量群の比率を一・〇として見ると、BRAF突然変異を有する被爆者の比率は線量増加とともに減じています。甲状腺がんの遺伝子変異の解析は、成人、小児、はたまた被曝者、チェルノブイリ事故小児甲状腺がん等々で異なるとされ、まだまだ未整理の部分が多いと見られています。福島の子どもたちの甲状腺がんで得られたBRAF突然変異の知見は、甲状腺被ばく線量が極めて低い線量で、しかも多数例で得られた始めての知見であることなど、小児甲状腺がんの進展の解明につながることが期待されます。

なおここで過剰診断、過剰治療の疑義について言及しておきます。「ランセット」誌上（2014年第383巻）に提言されたもので、そのタイトルは「福島における甲状腺がんのスクリーニング検査は見直す時期ではないか」というものです（K.Shibuya et al）。要旨は、①対照群を設定しない調査は被ばくの影響の正確な評価とはならない、②過剰診断、過剰治療の可能性があり、甲状腺がんの増加は社会的不安を引き起こしている、③プロトコールの見直しと過剰診断のリスクの説明なしでは、被ばくの正確な評価も県民の不安の解消にならない、とするものでした。

しかし、対照群を設定できないのはやむを得ないのであり、計測された全集団のなかで被ばく線量が極めて低値群を対照とすることで疫学統計を取らざるを得ません。実際、会津地域を対照として解析しています。問題は過剰診断、過剰治療の点です。この健康調査を開始した時点でわかっていることですが、甲状腺がんが仮に確認されたならば進展事例かどうかを確認し、進展事例となれば通常の診療と同じく摘出手術を受けることになります。摘出される事例が放射線被ばくによってがんが生じたのかどうかはわからないのです。被ばくの影響の有無は疫学統計の判断からしかできません。なお今後、遺伝子解析はこの点について大きく貢献する可能性があります。今回の甲状腺がん手術に対する治療基準は公開されており、甲状腺がん進展例に限って手術がされていることが示されています（2015年8月31日、第二〇回検討委員会資料）。

甲状腺エコー検査による本格検査は進行中ですが、二〇一六年九月三〇日時点の発見率は〇・〇三%です。福島県での甲状腺がんの有病率が原発事故後変化してくるのかどうか、大変関心のある問題です。いろいろ意見がだされていますか、今後の検討に待ちたいと思います。

4　放射線被ばくと遺伝の問題

被爆者の苦悩

既述したように、福島県避難者におけるアンケート調査から見えたことは、放射線被ばくの身体的影響に関し強い懸念をもっていることでした（第十章「福島第一原発事故とこころ」）。とりわけ次世代以降に対する影響（遺伝的影響）に関し二〇一一年度調査では六〇・二％の方が、その可能性が高いと思っていることでした。同じ調査における晩発性障害への心配は四八・一％であり、それに比較しても突出したものでした。

放射線被ばくによる遺伝的影響の不安は原爆被爆者においては痛切なものであり、実際的なものでした。子どもに自分の被ばく体験を長く隠し続けた理由の一つでもあり、結婚差別をもたらした背景でもありました。原爆被ばくは子どもを生み育てる母にとって根源的な苦悩となりました。

被爆者における不安は、被爆者自身が流産や死産を直接体験し、わが子（二世）を白血病で失ったり、親としては被爆のせいではと思わせる体験があったためでした。被爆者女性においては昭和三〇年代まで、男性被爆者の場合よりも長く子どもを持つことをためらっていたことが知られています。

被爆者における遺伝に関する調査は、ＡＢＣＣ（原子爆弾傷害調査委員会）の最大の関心事でした。現在まで続く調査の一端を紹介します。

直近の疫学調査

放射線被ばくにおける晩発性障害や遺伝的影響の解明は、ともに長いスパンでの疫学調査が求められますが、前者についてはＡＢＣＣ（及び後身の放射線影響研究所）によるＬＳＳ（寿命調査）やＡＨＳ（健康貯調査）が理解を助けてくれます。後者については一九四六年五月から一九八四年一二月までに生まれた子どもの中から選んだ二世集団が設定されています。Ｆ１コホートとよばれる約七万七〇〇〇人（七万六八一四人）です。コホートとは疫学調査の集団を指しますが、親が原爆投下時、広島市、長崎市に不在が判明しているものから、市内にいて高線量の被ばくをうけたものまで、被ばく線量の異なる親から生まれた子どもたちの集団です。

このコホートの直近の調査に、放射線影響研究所における二世の「発がん調査」があります(S.Izumi et al.Br.J.Cancer 89:1709-1713,2003)。一九五八年一月一日から一九九七年一二月三一日まで四〇年間にわたり、四万四八七人（男二万七四三人、女一万九七四四人）を追跡したものです。

その期間中五七五名の固形腫瘍、六八名の血液腫瘍が発症していました。診断時年齢の中央値は三九・七歳でした。親のいずれかが被爆者である場合の線量は、父の場合の中央値線量は一四三ミリシーベルト、母の場合の中央値線量は一三三ミリシーベルトですが、親の線量と二世の発がんとの関係は対照（五ミリシーベルト未満被爆者の二世）と比べ固形腫瘍でも血液腫瘍でも差が見られませんでした。中央値線量とは被ばく線量の多寡で順に被爆者を並べた場合、真ん中に位置した被爆者の線量で、その集団の線量の代表的数値の意味を持ちます。また両親とも被爆者であった場合の二世の発がんリスクは対照と比べ、全がんでみると補正リスク比は〇・九七（九五％信頼区間、〇・七〇―一・三六）と差がありませんでした。なおリスク比で九五％信頼区間の下限値が一・〇を超えている場合、その差が有意と判断されます。

被爆後約半世紀のなかで、少なくとも明確な発がんの増加は見られていませんでした。しかし調査者らは慎重を期して、疫学的検証という観点からは発がん事例の数はまだ小さく（少なく）、この時点で増加はないとの結論はだせないとしています。

同じ著者らによるがん疾患、及び非がん疾患の「死亡調査」が、前記論文と同じ二〇〇三年に示されています（S.Izumi et al. Int. J.Cancer 107:292-297,2003）。被爆二世四万一〇一〇人（女、四九％）について、一九四六年から一九九九年まで五四年間の死亡状況を追ったものです。

二世のほとんどは一九四六年から一九五九年の間（被爆一年後から一四年後）に生まれており、ほとんどが出生時体重二五〇〇グラム以上、また親の被爆時年齢は一〇歳から三〇歳、親の出産時平均年齢は父親三三・一歳、母親二八・五歳でした。その期間中に二世に三一四名のがん死事例、一一二五名の非がん死事例が生じ、平均年齢は四五・七歳でした。父の被ばく線量中央値は一四三ミリシーベルト、母の被ばく線量中央値は一三二ミリシーベルトでした。がん死率、非がん死率ともに対照と比較し差を認めませんでした。両親がともに被爆者であった場合、対照との比較ではがん死率の補正ハザード比は〇・九六（九五％信頼区間、〇・五九―一・五五）、非がん死率の補正ハザード比は一・二六（九五％信頼区間、〇・九二―一・四六）と差を認めませんでした。

著者らは同様に、疫学的検証としては死亡事例の数は小さい（少ない）こと、また死亡時の年齢がまだ若年であることから、この時点で死亡率の増加はないとは言えないとしています。

二〇〇八年には放射線影響研究所の藤原らによる被爆二世の「成人期発症の多因子疾患有病率調査」の結果が報告されています（S.Fujiwara et al. Radiat Res 170:451-457,2008）。多因子疾患とは疾病発症に複数の遺伝子が関係し、かつ環境因子の複合的影響で発症が導かれる疾患をさし、高血圧、糖尿病、脂質異常症、虚血性心疾患、脳卒中などを言います。一般的な言葉でいえば生活習慣病、あるいはメタボリック症候群の病態とも言えます。F１コホートの中から、まず郵便調査（二万四六七三人）に応じて回答を寄せた一万六七五六人から、実際に臨床健康診断調査に応じてくれる一万一九五一名が確定され、二〇〇〇年から二〇〇六年にかけて診断調査を実施したものです。二世の平均年齢四八・六歳（中央値五〇・六歳）、喫煙者は男で五一％、女で一七％、飲酒は男で七八％、女で四七％、すでに多因子疾患のいずれかを有するのは男で六〇％、女で五〇％です。多くの日本人に共通する生活習慣と病態と言えます。疫学的解析は複数の交絡因子を補正しながら、親の被ばく線量との相関関係を調べています。

オッズ比で見る結果は、父親の被ばく線量一グレイあたり、対照に比し〇・九一（九五％信頼区間、〇・八一―一・〇二）、母親の被ばく線量一グレイあたり、対照に比し〇・九八（九五％信頼区間、〇・八六―一・一〇）と、差が見られていません。

以上、二世における発がん率、がん死と非がん死率、多因子疾患有病率に対する親の被ばくの影響は現時点では見られていません。しかしすでに報告者が言及しているように、調査時点の二世の年齢が相対的に若年であること、したがって発がん事例、がん死事例などが蓄積してくる今後の年齢層における解析が必要となります。

疫学調査からは少なくとも被爆から五〇年（半世紀）においては、被爆者（一世）の様々な身体影響が明確になる反面、二世に対する身体的影響は確認されていないことを示しています。

Table 1 Malformations, stillbirths, and perinatal deaths in the offspring of A-bomb survivors (67)

Maternal dose (Gy)	Paternal dose (Gy)[a]			
	<0.01	0.01–0.49	0.50–0.99	≥1.0
<0.01	2,257/45,234 (5.0%)	81/1,614 (5.0%)	12/238 (5%)	17/268 (6.3%)
0.01–0.49	260/5,445 (4.8%)	54/1,171 (4.6%)	4/68 (6%)	2/65 (3%)
0.50–0.99	44/651 (6.8%)	1/43 (2.3%)	4/47 (9%)	1/17 (6%)
≥1.0	19/388 (4.9%)	2/30 (7%)	1/9 (11%)	1/15 (7%)

[a]The numerator indicates the number of cases, and the denominator indicates the total number of births. The doses are based on the DS86 estimates.

出生異常

被爆後、実際の被爆者における出産異常がどのように生じていたのかの正確な数を割り出す調査は不可能といえます。しかし被爆者における出生異常が、親の被ばく線量の分布の中で線量の多寡に応じて変化しているのかどうかは、過去の疫学調査から伺うことが可能です(N.Nakamura Annual Rev.Genet.47:33-50,2013)。上の表は二世(offspring)に見られた奇形(malformation)、死産(stillbirth)、周産期死亡(perinatal death)の発生率が母親の線量(Maternal dose)と父親の線量(Paternal dose)の区分の中で、どのように分布しているかを見たものです。この時の一般国民の出生異常の発症率は四・九九%とされています。

高線量域の区分では事例数が少なくなるため数値(%)のみの比較は困難と言えますが、相対的に低い線量域において、例えば五〇〇ミリシーベルト未満群(表中〇・四九グレイ以下)では線量増加と発生率増加との相関は見られず、一般国民の発生率(四・九九%)との差も

Table 2　Birth defects in the offspring of survivors of childhood leukemia or cancer (33)[a]

	Offspring of cancer survivors (6,129 cases)		Offspring of patients' siblings (3,101 cases)	
	Number of cases	Frequency	Number of cases	Frequency
Chromosome abnormality	7	0.1%	6	0.2%
Mendelian disorder	14	0.2%	8	0.3%
Malformation	136	2.2%	97	3.1%
Total	157	2.6%	111	3.6%

[a]Nearly one half of the patients received radiotherapy, and their mean cumulative doses to the gonads are 1.26 Gy for females and 0.46 Gy for males.

見られません。

放射線治療をうけた親から生まれた子どもの場合

原爆被爆者の調査人数には及びませんが医療被ばくの情報も有用です。がん治療をうけた患者ががんを克服し、その後家庭をもち、子ども（offspring）を得ることができたとき、その子どもたちに見られた奇形などの発症率を調べたものです。

上の表は前記論文からの引用ですが、先天異常の種類は染色体異常（Chromosome abnormality）、奇形（malformation）です。メンデル型遺伝性疾患（mendelian disorder）、メンデ型遺伝性疾患とは先天的に代々受け継いでいる遺伝子異常をもっているもので、その遺伝子が優性遺伝子ならその遺伝子を持つことで必ず発症するような疾患です。したがって放射線被爆とは関連なく発症する疾患です。この表の親たち（患者たち）の半分は放射線治療を受けており、生殖腺に女性で一・二六グレイ（一二六〇ミリシーベルト—引用者）、男性で〇・四六グレイ（四六〇ミリシーベルト）を受けている人たちです。表の右半分は放射線治療をうけた患者の兄弟の子どもたちに見られた出生異常で、対照群です。少なくとも染色体異常と先天性奇形の発症率では差のないことが見てとれます。

福島の被災者の心配とどう向き合うか

一般に、がんなどの晩発性障害の発症率と次世代に関わる遺伝的影響の発症率とを同じ被ばく線量で比較すれば、これまでの知見からは後者の発症率（遺伝的影響の確率）は前者の発症率（がんなどの確率）より一桁も二桁も低いとみられています。しかし福島県健康管理調査のアンケートでは、避難者が考える可能性の比率は逆転し、遺伝的影響の方に深刻な懸念をもっていることを示しています。これは実際の発症の可能性の高さを反映しているものではなく、世代を超える影響がもし生じてくるなら、その深刻さは本人ががんになる以上のものになる、その事の重大さを反映しているものといえます。

わたしが市民との対話で共有してきたことは、第一に放射線被ばくの基礎的な理解、疾病の疫学的理解をしっかり学ぶことでした。第二に遺伝の不安については、機会は少なかったのですが被爆者自身が苦悩した事実そのものを伝えることでした。苦しみの根拠は現実のことであり、したがって心の問題であると同時に際立って社会の問題でもあるからです。

第三に放射線被ばくの遺伝的影響という場合、もっとも象徴的に取り上げられてきたのは白血病でした。特に小児白血病でした。その場合、現在の子どもの白血病の頻度、現在の白血病の治療成績も伝えてきました。半世紀前には解決できなかった不治の病気が半世紀後の今日、さらにはこれから先の日々においてはいっそう克服できることを伝えました。

第四には被爆者の疫学的知見、その他の知見が今日までに教えていることは、人においては「次世代への影響」は容易に見えてくる事象ではないということです。少なくとも被爆者の知見から言えば、二世が五〇年の人生を歩む間においては、白血病を含む発がん率、がん死率と非がん死率、多因子疾患有病率の増加は見られないという事実です。五〇年という期間は決定的に重要な時間です。その期間、人生をどうつくり上げるかがもっとも大切であることを述べてきました。

さいごに強調したいことがあります。それは、福島第一原発事故の被災者を考える場合、被爆者の知見や医学医療の進歩は、遺伝的影響の不安が解決されるための一部に過ぎないということです。不安の真の氷塊は、その不安の「社会的解決」にあります。被災者と被災者家族の孤立や差別こそが「社会的解決」を阻む最大の壁といえます。そして孤立や差別の助長は、決して政治にのみあるわけではありません。一般の国民の側にも、また時に科学者側にもあり得る問題と言えます。

第十二章　原子力発電の導入史と現在の課題

一九四五年、原子爆弾の投下によって世界の核時代の幕が開きました。原子爆弾の惨禍をうけたわが国でしたが、その原子の火は原子力発電に引き継がれました。それは「原子力の平和利用」として、また戦後復興の新しい時代を託するものとして、国民の間に浸透させられました。しかしその浸透の背景に、原子爆弾の巨大な殺傷性を感覚的にも理性的にも相殺させるという、国の深慮があったことを否定することはできません。

他方、核分裂の誘導と制御の技術でもある原子力発電の導入は、戦後の経済復興とエネルギー確保の問題にとどまらず、東アジア冷戦構造の版図のもとで潜在的核開発能力を保持するという絡みでも存在したと言えます。しかしその歴史的理由は逆に、核廃絶と平和構築の努力、経済成長の問い直し、高レベル放射性廃棄物からの脱却、再生可能エネルギーへの転換という点においてみれば、原子力発電の社会的終焉が視野に入ることになります。福島第一原発事故があらためて喚起している課題ともいえます。

原発の導入と原発事故後の現在の課題に簡潔に触れたいと思います。

1　導入史をめぐって

国際的には一九五三年、アメリカ大統領アイゼンハワーは国連演説で原子力の平和利用と国際管理（Atoms for peace）を打ちだしますが、この年はソ連が水爆実験に成功し、いよいよ核開発競争が激烈さを増してゆく時期です。つまり原子力の平和利用の問題は、原子力の軍事利用の激しい展開のなかで語られているものでした。平和利用は軍事利用の拒否ではなかったのです。わが国においても原子力導入は、「軍」と「民」にまたがる高度の技術力の確保という意味をもっていました。

一九五四年は、その三月一日、日本の第五福竜丸がアメリカによる南太平洋ビキニ環礁での水爆実験（キャッスル作戦）に遭遇した年であり、対照的に同年四月、日本で初めて原子力関連予算二億六〇〇〇万円が計上された年でもあります。

一九五五年は、わが国の原子力発電の導入を内閣主導で進めるために、原子力基本法などの原子力三法が制定された年です。原子力の平和利用の原則、原子力委員会、原子力局（のちの科学庁）設置などを含む法律です。この一九五五年は原爆投下から一〇周年にあたり、当時の渡辺市長が平和祈念式典で被爆者の苦悩を訴え、他方、国の被爆者放置を告発した下田訴訟が開始された年です。平和祈念式典で「原爆許すまじ」がうたわれ、広島市公会堂で第一回の原水爆禁止世界大会が開催された年でもあります。

また一九五五年は、ABCCがフランシス報告をうけ、被爆者の長期疫学調査を開始した年ともなっています。核をめぐる相克がその芽を出した歴史的時期と言えます。

一九六〇年台のわが国の「高度経済成長」は、エネルギー確保を死活の問題としました。一九六〇年一月着工の東海原発（日本原子力発電株式会社：原電）は、一九六五年五月に臨界に達し、一九六六年に営業を開始します。ここに初めて「商業用原子力発電所」がスタートしました。

東京電力は、一九六〇年前後から福島県浜通りに立地計画を進めており、他方、大熊町も出稼ぎ労働の解消などから立地を歓迎する方向で話が進められていました。東京電力福島第一原発一号機は、ゼネラル・エレクトリック社の沸騰水型炉BWR—3、原子炉格納容器はMark1として大熊町に建てられ、一九七一年三月二六日に運転が開始されます。その後、大熊町は活況を呈してゆきます。それは街の予算の急激な増加として現れていきます。

被爆者にとっての一九六〇年代は、被爆者の体調不良を背景にし、固形がんの増加が疫学的にもはっきりとしてくる時期です。白血病、甲状腺がん、乳がん、肺がんの過剰発症がとらえられてきました。

下田訴訟の渾身の告発が生み出した「十分な救済策を執るべきことは、多言を要しない」という判決が後押しした原爆特別措置法は一九六八年の制定ですが、こののち、被爆者の不健康、多疾があっても医療特別手当の認定率は五〇％を切る時期に突入していきます。

原子力発電は、一九七〇年前後、敦賀原発一号機、美浜原発一号機、そして東京電力福島第一原発一号機が運転を開始した時期となります。原発導入に大きな転機となったのが、一九七三年の第一次石油ショックでした。一九六〇年代を走り続けた日本経済は、エネルギー政策で再考を余儀なくされ、一九七四年、電源三法（電源開発促進税法、電源開発促進対策特別会計法、発電用施設周辺地域整備法）の制定へ至ります。

これを簡単に言えば、原発を受け入れる自治体には補助金を交付し、発電所の建設と運営を円滑にしようとするものでした。電源三法による地方自治体への交付金は電源三法交付金と呼ばれます。一九七四年から七九年までの六年間に、実に一一の原発が稼働するのです。すさまじい建設ラッシュです。七九年時点のエネルギー構成は、石油が七一・五％と依然として最大シェアーを示しているのですが、原子力発電は以前の一〇倍（〇・三％から三・九％）へ拡大しています。電源三法交付金による地方自治体の財政的支配、そして徹底した安全神話の広報が建設ラッシュを支えたと言えます。電力会社、官僚機構、学会、マスコミ等が利益を共有する関係をさしてつかわれる「原発利益共同体」は、住民の懸念を圧倒してきました。住民の稼働差し止めの訴えに対して司法は基本的に沈黙を貫くのでした。一九八六年のチェルノブイリ原発事故後においても、わが国の原発維持の力は大きく、規制機関である原子力安全・保安院が推進機関である経産相（外局）におかれるという状況は変わりませんでした。

わが国における原発の導入は、戦後史の経済復興と不可分のものがあり、一九七四年の電源三法に支えられて急激な展開をするのですが、実は一九七〇年代は一九七三年に美浜原発一号炉で起きた燃料棒破損事故（内部告発による発覚）以降、ＩＮＥＳレベル三以下の事故は多発してゆきます。

一九七八年、東京電力福島第一原発三号機では原子炉の弁操作ミスで、炉内圧が上昇し制御棒五本が抜け落ち、約七時間半臨界状態が続きました。わが国初めての臨界事故と指摘されます。

この事故は沸騰水型原子炉の本質的弱点があらわれたものとされます。時期は下がっても事故は続き、一九九一年二月、美浜原発二号機で蒸機発生器の伝熱細管が破断し五五トンの一次冷却水が漏れ、非常用炉心冷却装置が作動する事故が起きています。一九九五年一二月、動燃高速増殖炉もんじゅではナトリウム漏洩事故が起き、燃焼する事態が起きています。一九九九年六月、北部電力志賀原発一号機で、原子炉の弁操作ミスで炉内圧が上昇し、三本の制御棒が落ちる事故がまた起きています。二〇〇七年には新潟県中越沖地震にともなって起きた柏崎刈羽原発の外部電源火災で、微量の放射性物質が漏洩しました。わが国最初の原発震災と言われます。二〇一〇年、東京電力福島第一原発二号機で制御盤補修工事中、ミスが起きたにもかかわらず外部電源への切りかえができず電源停止、冷却水水位が低下し燃料棒露出まで四〇cmに迫るという事故が生じました。

安全神話に支えられた急速な原発建設―稼働の時期は、安全神話とは真逆の、操作ミス、原子炉の本質的弱点、劣化による破断、地震による火災、そして公表の遅れと隠ぺいの累積の時期でもありました。

原発の導入は我が国の急速な経済復興を命題とする大構図のなかにおかれたものですが、外に向けた安全神話、自治体の支配と利益供与の姿は、内に向けては原子炉の事故に関しその経験の共有化も教訓化もなく、原子炉の危険性に疑義も持たず走りつづける姿でした。

2　現在の課題

福島第一原発事故から七年が来ようとしています。この間見えてくるのは、政府の原発再稼働への攻勢的な展開です。事故を受け、五四基の原子炉がすべて停止しましたが、そのあと、事故から二年四か月という短期間で「新規制基準」（2013年7月）が作成され、「原子力規制委員会」（2012年6月に環境省外局として設置）というあらたな推進機関のもとで、原発再稼働へ向かってきたのです。これまで一三基が合格とされましたが、その中には高浜原発一号機、二号機（2016年4月20日合格）、美浜原発三号機（2016年10月5日合格）が含まれており、この三機は四〇年超えの老朽原発です。原則四〇年という廃炉基準ではなく、また国民の目線にたってより安全を重視するのでもなく、企業の存続・利益を留意する方向を選んでいることは否定できません。また、四〇年原則を撤廃し、新規原発も考慮しない限り、二〇三〇年時点でエネルギー構成の二〇～二二%を原子力で占めるとする政府方針が達成できないことを考えると（大島堅一論文「経済」2016年8月号）、原子力規制委員会の客観的役割が見事に見えてくると言えます。

あらためて福島第一原発事故後の現況を総括すれば、第一に、被災者の心身の問題、生活と生業の問題、地方自治の再建をめぐる問題が複雑にからみ進行していることです。第二には、原発事故後、もはや国民の目指す方向は再生可能エネルギーへの転換に他ならないことが、日々明らかとなっているのですが、政府のエネルギー政策は国民の意識と真っ向から対立するものになっていることです。政府（内閣府原子力委員会）は二〇一七年九月一四日、原発事故以来休刊していた「原子力白書」を決定し、原発再稼働を明言したのでした。

さて原発事故後、大きく二つの課題が司法の場で争われてきました。一つは、多くの原発についてなされている「原発再稼働差し止め訴訟」であり、二つは、福島第一原発事故を引き起こした東電の社会的責任を問う「避難者訴訟」です。前者は一二自治体（北海道と一一県）にまたがるもので、後者は一八都道府県、二〇地裁・支部、原告約一万二五〇〇名に及ぶものです。この二つの司法闘争から見えてくるものは何か。それは、国民のだれもが無縁と言えない共通の、切実な課題が俎上にのり、原子力発電企業の有する歴史的、社会的、倫理的特質についてその是非を問う闘いが全国で持続的に行われていることです。

事故後明確になり、もはや動くことのない対立構造があります。原発企業が直面しているのは、第一に、四つのプレートがぶつかる日本列島の地質構造、活火山の濃密度、高率の地震可能性との対立です。さらに第二に、福島廃炉・賠償費二〇兆円以上とされる国民負担増との対立です。また第三に、いまなお解決目途が見えない高レベル放射性廃棄物の累積、その安全性をめぐる国民の不信感との対立であり、第四に、まさに自分自身の企業価値劣化との対立です。新規制基準で合格し再稼働をスタートさせた原発において、仮にひとたび何がしかの事故を引き起こしたならば、住民の批判は一気に噴出することになります。

このような事態からすれば、「原子力白書」が示す総括と指針は、国民にしっかりとした基盤を有しないものであり、全国で取り組まれている世代と未来と良心を賭ける司法闘争は、「原子力白書」にとって激震ともいえるものです。

福島第一原発事故被災者の避難者訴訟は、現時点（２０１７年12月）で三つの判決が出されています。前橋地裁、千葉地裁、福島地裁です。公判を通じて重要な点が明らかになっています。それは二〇〇二年に巨大津波の予見が可能であったこと、二〇〇八年には東電において津波を実際に予見していたことです。そして、そのような事実認定をもとに、前橋と福島の両地裁は東電の過失を認定したのでした。実はこのように事実認定と符牒すると見られる報告が、国連傘下のＩＡＥＡ（国際原子力機関）から二〇一五年に出されます。報告は福島第一原発事故を総括し、日本は何十年にもわたり原発の安全を過信しつづけ、かつ二〇〇七年、訪日調査で指摘した過酷事故への対策を事実上とらなかったことを厳しく批判したのでした。

さて五基の原子炉が再稼働していますが、川内原発一号機、二号機と、高浜三号機、四号機に関しては、いずれも「高裁レベル」の判断で再稼働が認められています。「高裁レベル」の判断は重く、再稼働をやめてほしいと願う原発近傍住民にとって、その壁は大きいものに感じられます。しかし高裁判断の問題は、原発事故により多くの原発関連死（二一四七人、２０１７年３月現在）と原発関連自殺（八七人、２０１７年３月現在）をもたらし、今なお多くの葛藤を抱えた福島の実態を無視すること、さらに避難対策まで含む過酷事故への対応が新規制基準にない事実を無視すること、このふたつの無視に依拠して判決論旨が保たれていることです。この無視こそ高裁判断のアキレス腱であり、遡っては原子力規制委員会（新規制基準）がかかえたアキレス腱と言えます。前原子力規制委員会委員長（田中俊一氏）が、新規制基準の「合格」は住民の安全を保障したものではないと、繰り返し述べるとおりなのです。

現在の帰還問題の困難さにも言及しておきます。二〇一七年四月、福島第一原発事故をめぐる最重要課題での一つである、住民の帰還問題が一つの節目を迎えました。二〇一七年四月一日以降、高度汚染地域を除き、すべて避難解除となりました。しかしその半年後（２０１７年９月）の帰還率は飯舘村八・一％、浪江町一・九％、富岡町一・八％でした。今後の動向について予断をもつ必要はありませんが、このような低率の理由を考察することが決定的に重要です。

定期的に避難地域自治体の住民アンケート調査がなされていますが、その結果は帰還問題が単純ではないことを示しています。例えば解除の半年前（2016年10月25日報告）に行われた富岡町でのアンケート調査結果では、五七・六％の住民が戻らないと答えています。戻らない理由のトップは「医療介護体制へ不安」で五五・六％です。驚くのは「避難先での生活基盤の確立」が五〇・一％となっていることです。「原発への不安」も四八・四％となっています。アンケート調査はその後も続いていますが、基本的な動向に変化はありません。帰還の可否は決して単純ではなく、この七年間、避難者自身が避難先で切り開いてきた努力と労苦が複雑に絡み合っていることを示しています。一つの家族のなかでも帰還希望の意思に違いがあり、帰還自体がふたたび家族を分断させる理由ともなり得るのです。原発事故がもたらした葛藤と痛切、そこからの脱却がいかに困難かを示唆しています。

避難者の住居問題（家賃援助の打切り）や営業損失に対する賠償打ち切りの問題なども、徐々に迫られています。福島原発事故被災者の個別事情は個別事情として解決しなければなりませんが、わが国の土台にある政治の貧困と無縁なものは何一つありません。介護の切り捨て、子育て、非正規・失業、ＴＰＰ（環太平洋パートナーシップ）・ＥＰＡ（経済連携協定）問題などは被災者だからと言って免れることはできません。福島第一原発事故の克服は、国政の転換へ向けた国民との共同のたたかいが必要であり、それがあってこそ被災者が狭隘に陥ることなく誇りもって被災の克服に向かうことができると思うのです。

終章　原爆と原発

ヘルシンキ青年の質問

二〇一五年の秋、一九一〇年にノーベル賞をしたNGO、国際平和ビューロー（IPB）が被爆七〇年を記念して計画したヒバクシャ・ヨーロッパ遊説に被爆者とともに参加し、フィンランドとスウェーデンを訪れました。わたしの仕事は、原爆被爆の話とともに福島第一原発事故の話もすることでした。帰国後、以下のような感想記を書きました。

ヘルシンキの一〇月初旬は太陽が日中でも低いままでまぶしく、他方で空気は、日本で言えば初冬へ向かう冷気が満ちたものでした。……毎日、その闇にまどろみながらわたしは平和活動家たちとの交流（初日）、行政（フィンランド放射線・核安全局）との懇談（二日目）、徴兵拒否青年たちとの交流（三日目）の濃密な時間を反芻したのでした。

……………………………………

三日目、ほぼ数分にも満たない時間、感性と知性の配合された魂に触れることもできました。被爆者Yさんの話、わたしの原発事故の話の後、徴兵拒否青年五〇名ばかりの集団の真ん中あたりで長身の青年は立ち上がりました。上気した顔を向け、〝なぜかくも大きなふたつの悲劇（原爆投下と原発事故）が日本で起きたのか〟と問うてきました。えぐるような直球ボールでした。ボールを打ち返す十分な回答はできないと直感したのでした。〝一つは科学（物理学）の発展がある高みに到達したこと、しかし科学の発展を責めることはできない、それをつかんで事を進めた人間の側が責められなければならない。政治を握っている人間の〟。言葉が足らない。打球はヒットにならない。なんとか話を終えて、あとで青年と握手をしました。強く上気したのはわたしの方でした。このボールは戦後七〇年に対する詰問とも言えました。

原爆被爆の話、福島第一原発事故の話を聞いた青年にとって、ごく素直な感想だったのだと思います。なぜ大惨事が二度も一つの国で起きるのか？　この質問は平板な質問ではなく、わたしを問い詰める詰問と思えたのです。原爆の悲劇が起きた国でなぜＩＮＥＳ評価レベル7の惨事が許されてしまうのか、国民はそれまで何をしていたのかと。原爆と原発の惨禍の深刻さ、その共通性が青年のこころを捉えたのでした。

本書では、一九四五年の原子爆弾投下からはじめ、二〇一一年の福島第一原発事故を経て叙述をすすめてきました。両事件には放射線被災という共通項が貫いています。そればかりでなく原子爆弾の投下が起点となる冷戦構造のなかに、日本の対米従属と日本の経済復興が盾の両面のように刷り込まれており、日本への原発導入の動機もまた、その刷り込みと無縁とは言えませんでした。

そのような大構図のなかで、被爆者はＡＢＣＣの強権的調査継続・政府の被爆者棄民政策や実際の不健康と疾病の増大などを踏まえ、様々に闘いを試みてきました。しかし、開放された核分裂エネルギー（原爆投下）と制御された核分裂エネルギー（原発）の両者が、歴史の時間軸の上で理論的にも政治的にも間接的に脈絡を有するものであったとしても、被爆者は原発差し止め訴訟を自身の闘争のなかに組み入れたことはありません。これまで述べてきた歴史的経過を見れば、それは無理であり不自然だからです。

しかし、ヘルシンキの青年の疑問は我が国の政治構造は如何なるものか、原爆と原発のそれらふたつを跨ぐ共通性は如何なるものか、と詰問したのでした。この青年の面影をわたしは当分忘れることはないと思っています。

国の原爆裁判の判決批判

被爆者の原爆症認定を求める裁判闘争が続いていますが、判決の圧倒的多くは原告（被爆者）勝訴であり、その基調は原爆集団訴訟（２００３〜２００９年）以来、揺るがないのです。この裁判が続くさなかに福島第一原発事故が起きました。国は二〇一四年五月二一日付けで、ある地裁において「原子爆弾による放射線被曝と健康影響に関する意見書」を提出してきました。要旨は「（原爆症認定訴訟の判決には）国際的に広く認められた科学的知見から、大きく逸脱した判断もみられている」とし、そのようになれば、「放射線に関する誤った認識が国民の間に浸透し、放射線防護の在り方や、医療現場での放射線の利用をはじめ、様々な分野に影響が及ぶおそれが大きい」と指摘したものです。その上で、最終的には裁判所にこれまでの原告勝訴判決の変更を求め、ひいては原告被爆者に裁判からの撤退を求めるものでした。

ここには、ごく低い線量域（初期放射線ＤＳ86）でも原爆症認定の勝訴判決が出されていることをもって、福島第一原発事故での線量論議、例えば追加線量を公衆レベルで一ミリシーベルトを基準とする「国際的に認められた科学的知見」をわずかでも超えれば危険とされかねないことを危惧する姿があります。被爆者の勝訴判決は、被ばく線量に関しては残留放射線被ばくを含む線量総体としての論議をふまえているものであり、また被爆者個々人の被爆当時の状況をふまえているものであり、国が言うような単純なものではありません。

しかしこれは窮地におちいった国の立場を、福島第一原発事故の問題を梃子に「専門家」の意見を借りて批判するものと言えました。わたしが提出した反論は以下です。

「科学の名で、科学を傷つけてはいけない――「原子爆弾による放射線被曝と健康影響に関する意見書」について」（2014年9月1日）

「意見書」は、ICRPが一般人の追加被ばく線量限度を一ミリシーベルトとしていることにふれ、「より高い安全性を求めるための目安であり」、「一ミリシーベルトを超えると危険、あるいは身体的影響が現れると解釈するべきでない」と述べている。この論旨を原発被災者が普通に受け止めれば、「一ミリシーベルトを超え」れば「より高い安全性」が損なわれたと理解せざるを得ない。被災者、とくに子をもつ母親の不安を責めることはできない。現場に即していえば、「解釈するべきでない」と述べる人間が、被災者の心理や心情をまったく考慮せず、不安や不信に寄り添おうとせずに語られるとき、この「解釈するべきではない」に至る文脈は、被災者のこころに届かない、こころの葛藤を解決しない。

もし被災者の葛藤を被爆者救済の判決のせいにするならば本末転倒である。被災者が持ち続けている放射線被ばくに対する不安や不信は、被爆者が救済された判決によってもたらされるのではなく、原発事故は絶対おきない、放射能汚染は生じない、と言われつづけてきて、その果てに放射能汚染をうけたという事実から、もたらされているからである。「絶対の安全性」というかつての国と東電の見解が、まだ正されていないかのような現状において、被災者の不安を責めることはできない。

（略）

「意見書」が述べるようにＩＣＲＰの放射線防護の「年間」の線量規制は「経済的・社会的要因を考慮にいれて、合理的に達成可能な限り低くする」としている。簡単に言えば線量低減の基準（たとえば帰還の線量基準）を下げ過ぎた場合、避難者の帰還が長期にわたり不可能となり、帰還を前提とした社会的経済的活動が始動できないこととなる。そのようなことを回避するために、社会的経済的活動が始動できる合理的な基準線量を探ることを指している。しかし「社会的経済的要因」自体が単純ではなく、今般の原発事故について述べれば、家族が一緒になった生活の再建、地域に支えられた教育の保障、保健医療の整備、将来設計の展望など、また農業者や漁業者においては生業の回復が十分に見込まれるかどうかなどとなる。実際は、事故が未だ収束していない現実、被災地の医療体制が壊れている状況、離散した家族の再結合が見えない実情などを前にした時、線量と帰還との最適バランス論は被災の現実と必ずしもかみ合っていないのである。

避難者や被災地住民と、事故をおこした企業、その背景にある国との間に信頼関係が構築できてないことも見通しを妨げる原因となっている。「合理的に達成可能な限り低くする」等のＩＣＲＰ放射線防護の基準の適用に、なにか現実的な困難があるとすれば、それは福島第一原発事故後の三年半の経過のなかから生じているものであり、被爆者救済の判決に起因するものとは言えない。自明のことである。

国の意見書は、原爆症認定訴訟が原爆被爆者の救済を旨とする「被爆者援護法」の理念を踏まえていることを無視し、放射線という共通性をもって「福島第一原発事故」での問題解決に支障があるから、被爆者勝訴判決をしないように求めているものです。「国際的な連携の下で進められている放射線防護等に関する我が国の施策等に対する国際的な理解」を得ることに支障がでるというのです。ここには「原爆」と「原発」を貫く「放射線障害の共通性」を逆手にとって被

爆者救済を抑制しようとする意図が見えます。

わたしは、国の言う「国際的理解」に触れ、次のように反論しました。

放射線の人体障害に関する基本的知見を被爆者は提供してきた。現在も提供している。これらの知見は放射線防護学の確立に役立ってきたものである。「放射線防護等に関する我が国の施策に対する国際的な理解」と言うならば、第一に、「国際的な理解」は被爆者が歩んできた歴史にこそ注がれなければならない。第二に、原爆被爆者の救済はわが国の戦後政治の重要な歴史的使命のひとつである。被爆者援護法の立法趣旨はその根幹に立とうとするものであり、我が国の司法が司法独自の役割を果たそうとする意義も、その根幹に依拠するからである。「国際的な理解」はこの根幹にも注がれなければならない。

国があえて被爆者の人体障害の解明を通じて得られた「放射線防護に関する国際的な理解」と言うならば、「国際的な理解」はその知見そのものに対する理解を突き抜けて、被爆者の人体が生きた歴史そのものに向けられなければならないことを指摘したのでした。

放射線という共通性があっても被災という社会的事象はそれとは相対的に独立した起承転結

を示します。司法はその被災の複合性こそ法の救済の対象としてきました。科学の名で司法判断を非難し裁断するならば、それは科学の名で科学そのものを傷つけることになるとも、批判したのでした。

広島の被爆と福島の被曝は似て非なるものか

原子爆弾投下が引き起こした人間と社会の変容と福島第一原発事故が引き起こした人間と社会の変容をみてきました。原爆投下に至る過程とそこから出発した過程、同様に原発事故に至る過程と事故後の過程を見てきました。

広島への原子爆弾投下は、この半世紀をこえ被爆者に構造的痛苦ともいうべき辛酸を強いてきました。そして放射線被ばくと死亡の過剰リスクの相関は今日までも変わらず、被爆者は国の国家補償を得ることを被爆者救済の中心的課題としてきました。政府の国家補償的救済の門は狭く、高齢になっても国家補償的措置である認定申請を求める被爆者の動きはやみません。

福島第一原発事故は原発近傍の被災者住民に避難を強いて、家族離散、家族破壊を中心とする持続的で多様な変容をもたらし、短期間に原発事故関連死、原発事故自殺を積み上げました。甲状腺被ばくによる将来の甲状腺がん過剰発症についてはまだ確定的な徴候はなく、調査の継続が決められています。自主避難も大量に生じ、これらの方々も行政指示避難と同様に社会的変容のなかに投げ込まれました。

避難者訴訟の三一件は全国二〇地裁・支部で継続しており、三つの地裁判決が示されたばかりであり、被災者の人権回復の闘争は緒についたばかりといえます。

広島の被爆に関わるわが国の固有の課題は国家補償をめぐる問題です。つまり国家による戦争と国家による国民の犠牲をめぐる問題で、国家補償の考えは国民の犠牲を無条件に是とする「戦争被害受忍論」とは相容れない思想対立を含んでいます。被爆者の人間としての固有の問題は、原爆投下（核兵器使用）という国際法違反の後遺を自らに背負い、核なき国際社会の構築に主導的にかかわる存在となっています。

福島第一原発事故のわが国の固有の教訓は、原発事故は持続的で予測不可能な社会的変容の、強固な独立した因子あることを明示したことです。東電を国有化し、湯水のような税金を投入したことは東電救済には効を奏したとしても、復興庁予算の執行が関連死、関連自殺、米価格の低下、家族離散、被災者の無念を軽減したとは聞きません。他方、原発再稼働の申請は住民の避難問題を含まない規準で合格が続いています。これらの理解から導かれる福島第一原発事故のもつわが国における固有の課題は、原発企業の市場からの退場であり、国土保全、生活と自治の再建、再生可能エネルギーへの転換とならざるを得ません。

広島の被爆と福島第一原発事故を比べれば、それらが抱える実践的課題は明確にことなります。核分裂、放射線の放出、人体被ばくという機転は両者に含まれる共通因子ではあっても、被災者の生きる社会がどのように変容し、被災者に向けて壁はどのように立てられているのか、それらによっては共通因子の規定的軽重は変わってきます。

広島の被爆と福島被曝とを頭上高くから俯瞰すれば、戦前、戦後をつなぐわが国現代史の共通する系譜のなかにあり、国民を強く引き寄せながら、まぎれもなくその政治的底流から噴出したものと言えます。しかし、両者は戦後の歩みのなかで前者は所与の国家を問い、後者は所与の国家のもとで時期を待ったのでした。

広島の被爆と福島被曝とは現下、相互に独立した課題をもっています。それゆえにこそ慎重に相互に毀損を回避し、国民運動しての大きな共同が求められていると言えます。

齋藤紀（さいとう・おさむ）

1975年福島医大卒、1977年広島大学原爆放射能医学研究所、1988年総合病院福島生協病院（広島市）院長を経て2009年以降、医療生協わたり病院（福島市）。2012年から～現在まで、福島市健康管理検討委員会委員。ＩＰＰＮＷ（核戦争防止国際医師会議）日本支部会員。被爆者の原爆症認定に尽力、原発事故後は住民との対話を継続している。著書（共著）に『広島・長崎原爆被害の実相』『医療と地域社会のゆくえ－震災後の国で』『福島再生－その希望と可能性』など

広島の被爆と福島の被曝——両者は本質的に同じものか似て非なるものか

2018年3月5日　第1刷発行

発行者　竹村正治
発行所　株式会社　かもがわ出版
〒602-8119　京都市上京区堀川通出水西入
TEL 075-432-2868 FAX 075-432-2869
振替　01010-5-12436
ホームページ　http://www.kamogawa.co.jp
印刷所　シナノ書籍印刷株式会社

ISBN978-4-7803-0954-6　C0036